Intervenção Psicológica e Social com Vítimas

Intervenção Psicológica e Social com Vítimas

VOLUME I – CRIANÇAS

2012

Sofia Neves (Org.)

INTERVENÇÃO PSICOLÓGICA E SOCIAL COM VÍTIMAS
VOLUME I – CRIANÇAS
AUTOR
Sofia Neves (Org.)
EDITOR
EDIÇÕES ALMEDINA, S.A.
Rua Fernandes Tomás, nºs 76, 78 e 79
3000-167 Coimbra
Tel.: 239 851 904 · Fax: 239 851 901
www.almedina.net · editora@almedina.net
DESIGN DE CAPA
FBA.
PRÉ-IMPRESSÃO
EDIÇÕES ALMEDINA, S.A.
IMPRESSÃO E ACABAMENTO
PENTAEDRO, LDA.

Novembro, 2012
DEPÓSITO LEGAL
350936/12

Toda a reprodução desta obra, por fotocópia ou outro qualquer processo, sem prévia autorização escrita do Editor, é ilícita e passível de procedimento judicial contra o infractor.

 GRUPOALMEDINA

Biblioteca Nacional de Portugal – Catalogação na Publicação

INTERVENÇÃO PSICOLÓGICA E SOCIAL COM VÍTIMAS

Intervenção psicológica e social com vítimas / org. Sofia Neves. - (Psicologia)
1º v.: Crianças. - p. - ISBN 978-972-40-4945-8

I – NEVES, Sofia

CDU 159
    364

À minha família, por ser fonte inesgotável de amor.

Aos/às meus/minhas alunos/as (de hoje e de ontem), pelo estimulante desafio das aprendizagens em co-autoria.

Ao ISMAI, por dar-me espaço para ser quem sou (...ou asas para voar).

PREFÁCIO (VOLUME I)

Anunciava-se há dias, numa peça jornalística, a propósito da inauguração de uma exposição artística em Lisboa, que ler um livro é como ter o infinito nas mãos. Partindo da ideia de que os livros são janelas para o mundo, a jornalista exaltava a leitura como expressão concreta de liberdade, relembrando-me a importância da escrita como veículo de informação e, mais do que isso, como ferramenta promotora da transformação pessoal e social. A certeza de que um livro jamais se esgota em si mesmo, de que é por natureza incompleto e imperfeito, podendo ser reinterpretado e reescrito, vezes sem conta, por quem o lê, faz-me acreditar verdadeiramente que a leitura (como a escrita) pode colocar-nos o infinito nas mãos.

Alimentado pelo desafio pessoal da docência e da investigação nos campos disciplinares da Psicologia e da Vitimologia, este livro nasceu da vontade de partilhar com alunos/as, investigadores/as e profissionais dos mais variados ramos do saber conhecimentos teóricos e experiências profissionais no domínio da intervenção psicológica e social com vítimas crianças e adultas, convidando-os/as à reflexão, à reinterpretação e à reescrita. Assim, mais do que um livro de consulta, este pretende ser um instrumento de trabalho passível de ser reinventado por quem o manuseia.

Com vista a orientar e não a prescrever, esta obra reúne contributos de vários/as especialistas nacionais e internacionais de referência em Psicologia e Direito. Não tendo sido escolhidos/as ao acaso, estes/as especialistas corporizam a atualidade e o rigor da intervenção psicológica e social com vítimas. Refletem, por isso, nos seus textos, olhares informados e críticos sobre fenómenos criminais com manifesta relevância no panorama português e estrangeiro, lançando pistas para a discussão em torno das boas práticas a adotar em matéria de intervenção.

Optou-se, pela especificidade dos fenómenos em análise e respetivas intervenções, dividir esta obra em dois volumes, sendo um deles dedicado à intervenção psicológica e social com vítimas crianças e outro à intervenção psicológica e social com vítimas adultas.

O volume I desta obra versa sobre a intervenção psicológica e social com crianças vítimas de crimes e é composto por 6 capítulos.

No capítulo 1, Maria Clara Sottomayor discorre sobre os **Direitos das crianças vítimas de crimes violentos,** caracterizando estes tipos legais de crime e apresentando soluções jurídicas capazes de atenuar o sofrimento das vítimas.

No capítulo 2 – **A Terapia Cognitivo-Comportamental Focada no Trauma: Um modelo exemplificativo da intervenção cognitivo-comportamental com crianças e adolescentes expostos a experiências traumáticas** - Liliana Meira exemplifica a aplicação dos modelos cognitivo-comportamentais à intervenção com crianças e adolescentes vítimas de exposição a experiências traumáticas, recorrendo à Terapia Cognitivo-Comportamental Focada no Trauma, um modelo de intervenção clínica empiricamente validado.

No capítulo 3 – **Intervenção com crianças institucionalizadas em centros de acolhimento temporário ou lares de infância e juventude** – Eva Costa Martins explora os processos subjacentes aos efeitos terapêuticos e prejudiciais da institucionalização, bem como das estratégias a implementar para potenciar os primeiros e minimizar os segundos.

No capítulo 4 – **Intervenção psicológica com crianças vítimas de abuso sexual: Uma abordagem psicodramática** – Marisalva Fávero apresenta um corte transversal de um modelo de psicoterapia psicodramática bi-pessoal com crianças vítimas de abuso sexual, tendo como suporte teórico das dinâmicas traumáticas o modelo dos 4 fatores traumatogénicos.

No capítulo 5 – **Intervenção terapêutica com crianças expostas à violência interparental: Avaliar, priorizar e intervir** – Ana Isabel Sani analisa a pertinência, a emergência e a conceptualização da oferta interventiva terapêutica dirigida a crianças que manifestem algum desajustamento motivado pela experiência de exposição à violência entre os pais.

No capítulo 6 – **Prevenção da violência escolar** – Francisco Machado e Márcia Machado propõem, com base numa análise da eficácia dos modelos teóricos e dos programas de prevenção e de intervenção mais referenciados na literatura, um roteiro de prevenção da violência escolar.

Agradecendo publicamente a todos/as aqueles/as que colaboraram nesta obra e fizeram a sua revisão, faço votos de que a leitura deste livro faça jus à ideia que serviu de mote à introdução deste prefácio, colocando nas mãos de cada um/a o infinito.

Sofia Neves

Direitos das crianças vítimas de crimes violentos

Maria Clara Sottomayor
Universidade Católica Portuguesa, Portugal

Resumo
Este trabalho incide sobre a resposta do Direito à criminalidade violenta contra crianças, descrevendo os tipos legais de crime destinados a punir os factos ilícitos que vitimizam crianças, bem como as soluções jurídicas que visam atenuar o sofrimento das vítimas e promover a sua participação, sem danos psíquicos acrescidos, no processo penal e no processo tutelar cível, cujo objeto consiste, respetivamente, na punição do autor do crime e na proteção da criança, quando o crime ocorre no interior da família. A ordem jurídica internacional e o direito interno têm evoluído no sentido da valorização das necessidades especiais e dos interesses das crianças, enquanto vítimas e testemunhas, nos processos que lhes dizem respeito, demonstrando que os bens jurídicos protegidos pelas normas penais não são entidades abstratas ou meramente valores jurídicos, mas pessoas, titulares de direitos fundamentais e portadoras do valor supremo da ordem jurídica – a dignidade humana.

Introdução
Este trabalho descreve a resposta do Direito aos crimes violentos que vitimizam crianças e que são praticados, sobretudo, por adultos encarregados de

cuidar delas: pais, familiares, detentores da guarda ou de poderes-deveres de educação. A criança vítima de abusos repetidos, na família, apresenta um sofrimento designado por dano da confiança (West, 1999), em regra superior ao sofrimento da criança abusada uma vez por um desconhecido. A investigação científica tem equiparado o sofrimento das vítimas de abuso sexual à síndrome pós-traumática das vítimas do Holocausto e dos veteranos da guerra do Vietname (Goleman, 1996).

A ordem jurídica não é indiferente perante o sofrimento das pessoas vulneráveis, vítimas de crimes violentos. As normas jurídicas substanciais e processuais, que regulam o estatuto da vítima, visam atenuar o seu sofrimento e resgatar a sua liberdade e segurança no mundo. O Direito, através dos seus mecanismos, também tem um papel na luta da humanidade contra a dor.

O conceito de criança utilizado abrange todo o ser humano até aos 18 anos de idade conforme a definição do art. 1.º da Convenção sobre os Direitos da Criança das Nações Unidas de 1989.

A resposta do Direito inicia-se com a qualificação jurídico-criminal dos factos ilícitos pelo Código Penal. Os crimes violentos que mais vitimizam as crianças integram os tipos legais de crime de violência doméstica (art. 152.º CP), de maus tratos (art. 152.º A CP), e os crimes sexuais (arts 163.º a 177.º CP). Estes podem ser crimes contra a liberdade sexual das pessoas, como a coação sexual (art. 163.º CP), a violação (art. 164.º CP) e a procriação artificial não consentida (art. 168.º CP), agravados pela idade da vítima inferior a 16 ou 14 anos (art. 177.º, n.ºs 5 e 6 CP), ou crimes contra a autodeterminação sexual de menores (arts 171.º a 176.º CP). Estes últimos preveem, como requisito do tipo legal, a menoridade da vítima, definida por escalões etários, em que as fronteiras são os 14 anos como idade do consentimento, os 16 como o critério-limite para a proteção dos adolescentes entre 14 e 16 anos, e os 18 para a proteção das crianças e dos jovens vítimas de prostituição, de lenocínio e de pornografia infantil.

Os factos ilícitos criminais praticados contra crianças têm de ser provados em processos-crime e em processos tutelares cíveis. Os primeiros visam punir o abusador ou o agressor, e os segundos destinam-se, nos casos de maus tratos ou de abuso intrafamiliar, a proteger a criança do progenitor que violou os seus direitos, limitando ou inibindo o exercício das responsabilidades parentais, suspendendo visitas e aplicando medidas de proteção.

A declaração da vítima de crimes violentos praticados dentro da família, aos quais ninguém assiste, para além de vítima e agressor, é a prova rainha, nestes processos, conforme tem atestado a jurisprudência e a doutrina (Lopes, 2003)[1]. Contudo, para garantir a liberdade do depoimento das vítimas, evitar a vitimação secundária criada pelo contacto com o sistema judicial e promover a sua recuperação psicológica e reinserção social, a ordem jurídica reconhece direitos específicos às vítimas de crimes violentos. Estes direitos têm a sua fonte no código de processo penal e em legislação avulsa introduzida no sistema jurídico português, por força de normas de direito internacional e comunitário, entre as quais destacamos a Decisão-Quadro 2001/220/JAI do Conselho, de 15 de março de 2001, relativa ao estatuto da vítima em processo penal, a Convenção sobre os Direitos da Criança das Nações Unidas de 1989, o Protocolo Facultativo à Convenção sobre os Direitos da Criança relativo à venda de crianças, prostituição e pornografia infantis, ratificado pelo Estado português, em 2003. Estas normas internacionais e diretivas comunitárias, transpostas para a ordem jurídica interna, introduziram novos paradigmas e desafios ao direito processual penal, centrado, por tradição histórica, na defesa do arguido perante o poder punitivo do Estado.

Enquadramento jurídico: os tipos legais de crime
Os tipos legais de crime fundamentais são a violência doméstica (art. 152.º CP), e o crime de maus tratos (art. 152.º A CP), que preveem, como sujeito passivo ou vítima do crime, entre outras categorias de pessoas, a pessoa menor de idade, bem como os crimes contra a liberdade e autodeterminação sexual (arts 163 a 177.º do CP), que consagram a menoridade da vítima como causa de agravação da pena ou como elemento do tipo legal de crime. Este estudo incidirá, apenas, sobre estes crimes, por serem os mais comuns na realidade social e pelo facto de serem, em regra, praticados em ambiente familiar ou por pessoas encarregadas de cuidar das crianças, circunstancialismo que aumenta os danos psicológicos e os traumas provocados nas vítimas, tornando neces-

---

[1] Na jurisprudência, *vide* acórdão da Relação de Lisboa, de 06-06-2001 (Relator: Adelino Salvado), in *Base Jurídico-Documental do MJ*, www.dgsi.pt e acórdão da Relação de Coimbra, de 09-03-2005 (Relator: Belmiro Andrade), in *CJ*, 2005, Tomo II, pp. 36-39.

sário que a ordem jurídica intervenha com maior intensidade no domínio da sua proteção e da assistência².

O bem jurídico protegido por estas normas tem uma natureza complexa e abrange um conjunto de direitos fundamentais das crianças: o direito ao livre desenvolvimento da personalidade, o direito à integridade pessoal, o direito à integridade física, psíquica e mental, o direito à saúde, os direitos à liberdade e à autodeterminação sexual, o direito à segurança e a dignidade humana.

Violência doméstica

O tipo legal de violência doméstica (art. 152.º do CP) estipula uma pena de 1 a 5 anos para quem, de modo reiterado ou não, infligir maus tratos físicos ou psíquicos, incluindo castigos corporais, privações de liberdade e ofensas sexuais a cônjuge ou ex-cônjuge, pessoa com quem o agente mantém ou tenha mantido uma relação análoga à dos cônjuges ou progenitor de descendente comum em 1.º grau. Apesar de este tipo legal ter sido pensado, sobretudo, para vítimas adultas abrange também, como vítima, a pessoa particularmente indefesa, em razão da idade, que coabite com o agente. Esta norma inclui, como vítimas, as crianças que coabitem com o agente, sendo, em regra, os seus filhos ou filhas, mas também aquelas que, não tendo com o agente laços de filiação ou outros laços familiares, com ele coabitam.

---

[2] Estão tipificados, no Código Penal, outros crimes que preveem, como causa de agravação da pena ou como elemento típico do crime, a menoridade da vítima, como os crimes de sequestro (art. 158.º, n.º 2, al. e) CP), de tráfico de pessoas (art. 160.º, n.ºs 2, 3 e 4 CP) e de rapto (art. 161.º, n.º 2, al. a) CP), dentro do capítulo dos crimes contra a liberdade pessoal, ou como o crime de subtração de menores (art. 249.º CP), na secção dos crimes contra a família, onde também se insere o crime de violação da obrigação de alimentos (art. 250.º CP), que, aplicando-se a vítimas maiores de idade, titulares de direito a alimentos, terá o seu campo de aplicação, por excelência, no domínio do não pagamento da pensão de alimentos devida a filhos menores. No título dos crimes contra as pessoas, estão tipificados crimes violentos, como o homicídio qualificado, que prevê como causa de especial censurabilidade ou perversidade do autor, a vulnerabilidade da vítima em razão da idade (art. 132.º, n.º 2 al. c) CP), o infanticídio (art. 136.º), que atenua a pena da mãe que matar o filho durante ou logo após o parto sob a sua influência perturbadora, o crime de exposição ou de abandono (art. 138.º), que embora não tipificando a menoridade da vítima, em regra pressupõe vítimas vulneráveis, os crimes contra a integridade física (arts 143.º a 151.º CP), que incluem a ofensa à integridade física qualificada (art. 145.º CP), quando a vítima é pessoa indefesa em razão da idade, e, ainda, os crime de ameaça (art. 153.º CP) e de coação (art. 154.º CP), cuja pena será agravada em função da menoridade da vítima (art. 155.º CP).

O tipo legal de crime de violência doméstica vitimiza, sobretudo, mulheres, em relação conjugal ou para-conjugal. De acordo com os dados estatísticos fornecidos pelo Ministério da Administração Interna, em 2010, foram registadas 31235 participações de violência doméstica às forças de Segurança, sendo que 82% das vítimas são do sexo feminino e 88% dos denunciados do sexo masculino (Sistema de Segurança Interna, 2010). A maior parte destas mulheres tem filhos menores, que são vítimas diretas de violência, quando tentam defender a mãe, ou vítimas indiretas, pelo facto de assistirem às agressões. A lei teve em conta esta realidade, consagrando, no n.º 2 do art. 152.º CP, um agravamento de 1 ano no limite mínimo da moldura penal, que passa a ser de 2 a 5 anos, se o agente praticar o facto contra menor, na presença de menor, no domicílio comum ou no domicílio da vítima. A lei penal estipula, ainda, no n.º 6 do art.152.º CP, uma solução decisiva para a proteção das crianças: a inibição das responsabilidades parentais do agressor, decretada pelo juiz, na sentença de condenação. Podem ser, ainda, aplicadas outras penas acessórias, previstas no art. 152.º, n.º s 4 e 5 CP: proibição de contacto com a vítima, afastamento da residência ou do local de trabalho desta, proibição de uso e porte de armas e obrigação de frequência de programas específicos de prevenção da violência doméstica. A lei prevê a possibilidade de o cumprimento das medidas de afastamento da vítima ser fiscalizado por meios técnicos de controlo à distância (art. 152.º, n.º 5 CP)

Maus tratos
O crime de maus tratos, previsto no art. 152.º A do Código Penal, pune com pena de prisão de 1 a 5 anos, agravada em caso de ofensa à integridade física grave ou de morte da vítima, quem, tendo ao seu cuidado, à sua guarda, sob a responsabilidade da sua direção ou educação ou a trabalhar ao seu serviço pessoa menor, lhe infligir, de modo reiterado ou não, maus tratos físicos ou psíquicos, incluindo castigos corporais, privações da liberdade e ofensas sexuais, ou a tratar cruelmente, a empregar em atividades perigosas (por exemplo, que impliquem o manejo de substâncias explosivas ou inflamáveis), desumanas ou proibidas (por exemplo, a utilização de menor na mendicidade ou para tráfico de droga) ou sobrecarregar com trabalhos excessivos (por exemplo, tarefas domésticas pesadas para a sua idade). Este tipo legal de crime abrange como vítimas, não só as crianças que sejam filhas do agente do crime, mas

que com ele não coabitem, como aquelas que foram confiadas ao cuidado ou guarda do agente, por decisão judicial, mas que não coabitam com o agente, e aquelas que foram confiadas ao agente para educação ou direção, no contexto da relação professor/a-aluno/a, educador/a-educando/a ou da relação de funcionários de escolas, infantários ou instituições com as crianças. Este tipo legal de crime também é aplicável no contexto de contrato de trabalho celebrado entre o agente e pessoa menor, legalmente possível na ordem jurídica portuguesa a partir dos 16 anos ou idade inferior desde que tenha sido completado o ensino obrigatório (arts 68.º a 70.º do CT)[3]. O conceito de trabalho, para efeitos penais, abrange não só a prestação laboral decorrente de contrato de trabalho, em que o trabalhador é menor, mas também qualquer contrato de prestação de serviços ou de serviço doméstico e, ainda, o trabalho infantil, abaixo da idade legal, o qual, para além de dar lugar à aplicação de contraordenações por violação da lei laboral, permite a aplicação desta norma penal por significar "sobrecarga com trabalhos excessivos", "maus tratos físicos ou psíquicos", "tratamento cruel" ou "atividade desumana ou proibida". Caso o trabalho de menores abaixo da idade legal não preencha estes requisitos, será sempre punido pelo art. 82.º, n.º 2 do CT (crime de utilização indevida de trabalho de menor).

Crimes sexuais contra crianças
A criminalidade sexual contra crianças, longe de ser excecional e patológica, ou uma inevitabilidade biológica, é um fenómeno epidémico da sociedade, que atinge uma em cada sete crianças do sexo masculino e uma em cada quatro do sexo feminino (Freeman, 2000), afetando, também, as crianças que pertencem à mesma comunidade da vítima e que a Psicologia considera, hoje, vítimas indiretas (Sani, 2002). A investigação científica revelou que não se deteta nos agressores qualquer patologia ou doença (Manita, 2003) e que se verifica uma relação entre o crime e o sexo do agressor, o sexo masculino, em mais de 90% dos casos (Freeman, 1997). Em Portugal, as estatísticas da justiça revelam que 97, 9% dos arguidos constituídos, nos casos de criminalidade sexual,

---

[3] Estas disposições legais devem ser interpretadas, em função da lei que estipulava nove anos como a duração da escolaridade obrigatória. A lei atual (lei 85/2009, de 27 de agosto) subiu a duração da escolaridade obrigatória para 12 anos, mas o Código de Trabalho não foi ainda revisto.

são do sexo masculino (Sistema de Segurança Interna, 2010). Este elemento permitiu demonstrar que os crimes sexuais constituem a expressão de uma cultura sexual patriarcal, assente na desigualdade entre o homem e a mulher, na relação hierárquica entre o adulto e a criança, e na visão da criança como um objeto, concluindo-se que as causas do crime residem na construção cultural da sexualidade masculina, através da eliminação da emotividade, da agressão, da procura de poder sobre os outros e da atração pelos vulneráveis (Freeman, 1997; Sottomayor, 2003).

Os crimes sexuais estão tipificados, no Título I do Código Penal, "Dos crimes contra as pessoas", cujo capítulo V – "Dos crimes contra a liberdade e autodeterminação sexual" – se divide em duas secções, a primeira relativa aos crimes contra a liberdade sexual e a segunda aos crimes contra a autodeterminação sexual. No primeiro capítulo, protege-se a liberdade das pessoas sem aceção de idade, enquanto na secção II, a lei penal tutela de forma específica a autodeterminação sexual das crianças e dos jovens, constituindo a menoridade da vítima um elemento típico do crime.

a) Crimes contra a liberdade sexual das pessoas
Na secção dos crimes contra a liberdade sexual, a lei prevê os tipos legais de coação sexual (art. 163.º), violação (art. 164.º), abuso sexual de pessoa incapaz de resistência (art. 165.º), abuso sexual de pessoa internada (art. 166.º), fraude sexual (art. 167.º), procriação artificial não consentida (art. 168.º), lenocínio (art. 169.º) e importunação sexual (art. 170.º). Destes tipos legais de crime, aqueles que não estão incluídos nos crimes contra a autodeterminação sexual de menores são os crimes de coação sexual, violação e procriação artificial não consentida, sendo os dois primeiros mais comuns. A violação e a coação sexual, porque exigem pressupostos específicos para a sua verificação, têm sido considerados crimes de execução vinculada, isto é, só podem ser praticados através dos meios de constrangimento previstos no tipo legal de crime: violência, ameaça grave, tornar a vítima inconsciente ou colocá-la na impossibilidade de resistir. O tipo legal de coação sexual pune com pena de prisão de 1 a 8 anos quem constranger outra pessoa a sofrer ou a praticar, consigo ou com outrem, ato sexual de relevo, através de um dos meios típicos descritos (art. 163.º, n.º 1), e com pena de prisão até 2 anos, quem, por meio não compreendido no número anterior e abusando de autoridade resultante de

uma relação familiar, de tutela ou curatela, ou de dependência económica, constranger outra pessoa a sofrer ou a praticar ato sexual de relevo, consigo ou com outrem (art. 163.º, n.º 2). O tipo legal de violação pune com pena de prisão de 3 a 10 anos quem, pelos meios típicos de constrangimento acima referidos, constranger outra pessoa a sofrer ou a praticar, consigo ou com outrem, coito anal ou coito oral, ou a sofrer introdução vaginal ou anal de partes do corpo ou de objetos (art. 164.º, n.º 1). O tipo legal de crime de violação, tal como o de coação sexual, foi também alargado a situações em que os atos referidos no número anterior são praticados sem violência ou ameaça grave, mas através de um abuso de autoridade resultante de uma relação familiar, de tutela ou curatela, ou de dependência hierárquica, económica ou de trabalho, ou aproveitando-se de temor causado pelo agente, sendo, nestes casos, o crime punido com pena de prisão até 3 anos (art. 164.º, n.º 2). Estas situações, previstas nos arts 163.º, n.º 2 e 164.º, n.º 2 CP, não se aplicam quando a vítima tem menos de 14 anos, pois este grupo de crianças está protegido pelo art. 171.º, que pune o crime de abuso sexual de crianças, sem exigir os meios de constrangimento típicos previstos nos tipos legais de crime de violação e de coação sexual, e quando, tendo entre 14 e 18 anos, o crime é praticado por sujeito a quem a criança foi confiada para educação ou assistência, conduta punida pelo art. 172.º CP.

Nos crimes contra a liberdade sexual das pessoas, não sendo a menoridade da vítima elemento do crime ela conduz, contudo, a um agravamento da pena. Se a vítima do crime de violação, de coação sexual ou de procriação artificial não consentida for menor de 16 anos, as penas são agravadas de um terço, nos seus limites mínimo e máximo (art. 177.º, n.º 5 CP), se for menor de 14 anos, as penas são agravadas de metade, nos seus limites mínimo e máximo (art. 177.º, n.º 6 CP).

b) Crimes contra a autodeterminação sexual de menores
Dada a particular situação de vulnerabilidade e dependência das crianças, em relação aos adultos, bem como o seu processo de desenvolvimento, o Estado e a sociedade querem que não haja interferências de terceiros lesivas ou perturbadoras deste processo, que deve realizar-se em liberdade e de acordo o ritmo próprio das crianças e dos jovens. As crianças não têm até determinada idade, que, na lei portuguesa se fixou nos 14 anos, capacidade para for-

mar livremente a sua vontade em matéria de relacionamento sexual nem têm maturidade para compreenderem e participarem nos atos sexuais em que são envolvidas por adultos ou por adolescentes mais velhos. Em consequência, a lei pune como crime de abuso sexual de crianças (art. 171.º CP) todos os atos sexuais praticados com crianças de idade inferior a 14 anos, mesmo que tenha havido consentimento da criança, o qual se reputa *iuris et de iure* irrelevante em termos jurídicos. O crime de abuso sexual de crianças, na lei penal, é punido com uma pena de prisão de 1 a 8 anos (art. 171.º, n.º 1 CP), para quem praticar ato sexual de relevo com ou em menor de 14 anos, ou o levar a praticá-lo com outra pessoa. Se o ato sexual de relevo consistir em cópula, coito anal, coito oral ou introdução vaginal ou anal de partes do corpo ou objetos, o agente será punido com pena de prisão de 3 a 10 anos, segundo o n.º 2 do art. 171.º do Código Penal. O conceito de abuso sexual tem um significado amplo, e a lei penal, no n.º 3, al. a) desta disposição legal, alarga o mesmo à importunação sexual e pune com pena de prisão até 3 anos, quem praticar atos de caráter exibicionista perante uma criança menor de 14 anos ou quem a constranger a contacto de natureza sexual. Na mesma pena incorre, quem atuar sobre menor de 14 anos, por meio de conversa, escrito, espetáculo ou objetos pornográficos. O n.º 4 do art. 171.º CP prevê uma pena de prisão de 6 meses a 5 anos para quem praticar os atos descritos no número anterior com intenção lucrativa.

O tipo legal de abuso sexual de crianças, como crime autónomo, é recente na ordem jurídica portuguesa, fenómeno que se explica pelo silêncio coletivo de sociedades patriarcais, que valorizam pouco as crianças e que encobrem o fenómeno, quer ao nível da população em geral, quer ao nível das elites políticas e culturais. O discurso da descriminalização subjacente ao Código de 1982, em relação ao adultério e à homossexualidade consentida entre adultos, terá obscurecido a necessidade de punir os crimes de abuso sexual de crianças (Sottomayor, 2003). Foi só em 1995, que foi introduzido, no Código Penal, o tipo legal de crime de abuso sexual de crianças. A versão anterior do Código Penal de 1982, apenas protegia, no tipo legal de violação, no art. 201.º, n.º 2, as crianças menores de 12 anos, vítimas de cópula ou ato análogo[4], independen-

---

[4] Para o preenchimento do conceito valorativo de ato análogo, atendendo ao desenvolvimento anatómico das crianças com menos de 12 anos, bastava, conforme entendia a jurisprudência,

temente dos meios empregados, isto é, sem que fosse necessária a prova dos requisitos de violência ou ameaça grave exigidos n.º 1 da mesma norma. Mas como o conceito de violação estava restringido à cópula vaginal, atos de sexo anal e oral com crianças menores de 14 anos eram punidos, pelo tipo legal de crime de atentado ao pudor (art. 205.º, n.º 2), com uma pena de prisão até 3 anos, semelhante à pena prevista no tipo legal de furto (art. 296.º). Esta solução deu lugar a críticas, pela deficiente hierarquia estabelecida entre o valor dos bens jurídicos pessoais e patrimoniais, em desconformidade com o quadro axiológico da Constituição, que estabelece como primado da ordem jurídica a dignidade da pessoa humana. Este desequilíbrio, no valor relativo dos bens jurídicos, foi alterado pela reforma de 1995 (decreto-lei n.º 48/95, de 15 de março), que, para além de criar o tipo legal de abuso sexual de crianças, nele incluiu o coito anal e oral, embora só o coito anal fosse equiparado à cópula, mas não o coito oral, situação que só foi alterada em 1998 (lei n.º 65/98, de setembro), com a equiparação do coito vaginal, anal e oral, para efeitos de medida da pena, dentro da modalidade mais grave de abuso sexual. Esta evolução culminou com a reforma de 2007 (lei n.º 59/2007, de 4 de setembro), decorrente das obrigações internacionais e comunitárias impostas ao Estado Português, na sequência da Decisão-Quadro 2004/68/JAI do Conselho, de 22 de dezembro de 2033, que alargou, de novo, a incriminação nos tipos legais de violação e de abuso sexual de crianças e criou novos tipos legais de crime[5].

embora esta orientação não fosse unânime, o contacto físico entre os órgãos genitais masculino e feminino, em ordem a produzir a ejaculação, haja ou não *"emissio seminis"*. Cf. STJ 9-11-1994, *CJ/STJ*, Ano II, Tomo III, pp. 248 e ss e STJ 24-09-2003 (Relator: Virgílio Oliveira), tendo este último acórdão uniformizado jurisprudência nesse sentido.

[5] Recentemente, surgiu outra diretiva, ainda não transposta para a ordem jurídica portuguesa, (Diretiva 2011/92/EU, de 13 de dezembro de 2011, do Parlamento Europeu), que obriga os Estados-membros a criminalizar condutas relacionadas com espetáculos pornográficos em linha, como induzir ou recrutar uma criança a participar em espetáculos pornográficos ou a assistir aos mesmos (art. 4.º), o aliciamento de crianças para fins sexuais (art. 6.º), que consiste na proposta de um adulto, feita por intermédio das tecnologias de informação e comunicação, para se encontrar com uma criança que não tenha atingido a idade do consentimento sexual, a organização de viagens com o intuito de praticar crimes de abuso ou exploração sexual de crianças (art. 21.º, al. b), o acesso à pornografia infantil, com conhecimento de causa e por meio das tecnologias da informação e comunicação (art. 5.º, n.º 3), de forma a abarcar situações em que a visualização de pornografia infantil em sítios web é feita sem proceder ao descarregamento ou arquivamento de imagens. Os Estados-membros devem, também tomar as medidas

Acima dos 14 anos, a lei penal protege a autodeterminação sexual dos adolescentes, nos casos em que a criança está confiada ao autor do crime para educação ou assistência (art. 172.º CP), em situações de abuso de inexperiência (art. 173.º CP), de prostituição de menores (art. 174.º CP), de lenocínio de menores (art. 175.º CP) e de pornografia infantil (art. 176.º CP).

A lei penal protege os adolescentes, entre os 14 e os 18 anos, sujeitos aos poderes-deveres de guarda e de educação, em relação ao titular destes poderes-deveres, que pratique ou leve os menores a praticar os atos descritos nos n.º 1 e 2 do art. 171.º, punindo o agente do crime, normalmente, o representante legal do menor ou outro sujeito a quem tenha sido confiado para educação ou assistência com uma pena de prisão de 1 a 8 anos (art. 172.º, n.º 1 CP).

Os adolescentes com idade compreendida entre os 14 e os 16 anos são protegidos, pela lei penal, contra pessoas maiores de idade, que, abusando da sua inexperiência, pratiquem ato sexual de relevo, coito oral, coito anal ou introdução vaginal ou anal de partes do corpo ou de objetos com o menor ou que levem a que um destes atos seja praticado com outrem (art. 173.º). O autor do crime é punido com uma pena de prisão até 2 anos ou com pena de multa até 240 dias, quando o ato praticado é um ato sexual de relevo, e, com uma pena de prisão até 3 anos ou multa até 360 dias (art. 173.º), quando se trate de atos de penetração. Contudo, é questionável que a pena possa ser substituída por multa, quando está em causa a violação de um bem jurídico tão importante para o livre desenvolvimento dos jovens.

Nas situações em que os/as adolescentes com mais de 14 anos são prostituídos/as, a lei não reconhece relevância ao consentimento dos/as menores, dadas as situações de miséria, abandono e exploração que acompanham a prostituição. A lei penal pune o sujeito maior de idade que recorre à prostituição de menores, praticando ato sexual de relevo, cópula, coito anal, coito oral ou introdução vaginal ou anal de partes do corpo ou objetos com menor entre 14 e 18 anos, mediante pagamento ou contrapartida, com pena de prisão até 2 anos ou de multa até 240 dias, quando o ato é um ato sexual de relevo (art. 174.º, n.º 1 CP), e em relação aos restantes atos, com uma pena de prisão

---

necessárias para obter o bloqueamento do acesso dos utilizadores da internet a páginas que contenham ou difundam pornografia infantil e para obter a supressão das mesmas (art. 25.º).

até 3 anos ou pena de multa até 360 dias (art. 174.º, n.º 2 CP). A lei esclarece, no n.º 3 do art. 174.º, que a tentativa é punível.

A lei penal pune, também, quem fomentar, favorecer ou facilitar o exercício da prostituição de menor com pena de prisão de 1 a 5 anos (art. 175.º, n.º 1). A moldura da pena de prisão aumenta para 2 a 10 anos (art. 175.º, n.º 2), se o agente cometer o crime: a) Por meio de violência ou ameaça grave; b) Através de ardil ou manobra fraudulenta; c) Com abuso de autoridade resultante de uma relação familiar, de tutela ou curatela, ou de dependência hierárquica, económica ou de trabalho; d) Atuando profissionalmente ou com intenção lucrativa; ou e) Aproveitando-se de incapacidade psíquica ou de situação de especial vulnerabilidade da vítima.

A pornografia infantil, como um instrumento que permite utilizar crianças para espetáculos pornográficos, fotografias, filmes ou outros meios audiovisuais constitui um crime sexual muito grave e em expansão, devido às novas tecnologias. A pornografia, para além de ter por consequência o abuso sexual das crianças utilizadas e a cumplicidade de quem consome o material pornográfico com este abuso, provoca o aumento dos abusos sexuais, por parte de quem visualiza os materiais, criando um perigo para a autodeterminação sexual de todas as crianças. Pensava-se, tradicionalmente, que a pornografia não aumentava a criminalidade sexual, podendo até ter um efeito catártico (Cunha, 1995). Contudo, estudos norte-americanos demonstram existir uma ligação entre a pornografia e a criminalidade sexual contra mulheres e crianças (Russell & Purcell, 2011). Por força das obrigações comunitárias do Estado português, com a finalidade de dissuasão e de prevenção do fenómeno, deve ser punido não só quem utiliza as crianças, mas também quem produz, quem divulga e quem adquire ou tem na sua posse os materiais pornográficos. A lei penal, no art. 176.º, n.º 1, alíneas a) a d), pune com uma pena de prisão de 1 a 5 anos quem utilizar menor em espetáculo, fotografia, filme ou gravação pornográficos ou o aliciar para esse fim, quem produzir, distribuir, importar, exportar, divulgar, exibir ou ceder estes materiais e quem os adquirir ou deter com o propósito de os distribuir, importar, exportar, divulgar, exibir ou ceder. A moldura penal da pena de prisão aumenta para 1 a 8 anos, se o agente praticar os atos descritos no n.º 1 do art. 176.º profissionalmente ou com intenção lucrativa (art. 176.º, n.º 2 CP). A lei penal, após a reforma de 2007, alargou o âmbito da incriminação do tipo legal de pornografia de menores à produção ou distribuição, aquisição ou detenção de materiais pornográficos com representação realista de menor com o propósito de divulgação, exibição ou cedência (art. 176.º, n.º 3), bem como à mera aquisição ou detenção de materiais pornográficos que utilizem crianças reais, independentemente da sua divulgação ou cedência (art. 176.º, n.º 4). Na primeira situação, o agente é punido com uma pena de prisão até 2 anos (art. 176.º, n.º 3), e na segunda, com pena de prisão até um 1 ou com pena de multa (art. 176.º, n.º 4). O art. 176.º, n.º 5 consagra o princípio de que a tentativa é punível.

As penas dos tipos legais de crime contra a autodeterminação sexual de menores, previstos nos arts 174.º (Recurso à prostituição de menores), 175.º (Lenocínio de menores) e 176.º, n.º 1 (Pornografia de menores) sofrem agravações nos termos do art. 177.º CP. A existência de relações familiares entre o agente e a vítima é uma causa de agravação da pena, nos crimes sexuais, em um terço dos seus limites mínimo e máximo, se a vítima for ascendente, descendente, adotante, adotado, parente ou afim até ao segundo grau (art. 177.º, n.º 1, al. a) ou se encontrar numa relação familiar, de tutela ou curatela, ou de dependência hierárquica, económica ou de trabalho e o crime for praticado com aproveitamento desta relação (art. 177.º, n.º 1, alínea b). A lei prevê mais causas de agravação da pena, por exemplo, se o agente for portador de doença sexualmente transmissível, as penas serão agravadas de um terço, nos seus limites mínimo e máximo (art. 177.º, n.º 3), se dos atos praticados resultar gravidez, ofensa à integridade física grave, transmissão de agente patogénico que crie perigo para a vida, suicídio ou morte da vítima, as penas serão agravadas de metade nos seus limites mínimo e máximo (art. 177.º, n.º 4). Na hipótese de se verificarem, em relação ao mesmo comportamento, mais do que uma causa de agravação, só é considerada a que tiver efeito agravante mais forte, sendo a outra ou outras valoradas na medida da pena. (art. 177.º, n.º 7).

Para proteção das crianças, o juiz, na sentença de condenação proferida no processo-crime, pode, tendo em atenção a concreta gravidade do facto e a sua conexão com a função exercida pelo agente, inibir este do exercício do poder paternal, da tutela ou curatela ou proibir o exercício de profissão, função ou atividade que impliquem ter menores sob sua responsabilidade, educação, tratamento ou vigilância, por um período de 2 a 15 anos (art. 179.º). Trata-se, contudo, de uma faculdade do juiz, a qual, por convicção pessoal deste, pode não ser concretizada na sentença, ficando, por exemplo, a criança, filha do condenado por crime de abuso sexual de crianças, sujeita a ter que pedir ao progenitor que de si abusou autorização para ato de particular importância na sua educação ou sujeita a que lhe seja imposto, num processo de regulação das responsabilidades parentais, um regime de visitas ao progenitor. Dada a gravidade destes crimes, as sequelas que deixam nas vítimas e a probabilidade de reincidência do abusador, a aplicação da inibição do exercício das responsabilidades parentais devia ser automática e operar *ope legis*, sobretudo, nos casos em que a vítima é filha do abusador.

c) Noção de ato sexual de relevo
O estudo das normas de direito penal implica, necessariamente, a interpretação do conceito de ato sexual de relevo, utilizado nos tipos legais de crime. Esta noção, de caráter aberto e indeterminado, presta-se, por força dos preconceitos do intérprete, a visões demasiado restritivas, que os profissionais, que representam as vítimas, devem rebater para proteger de forma mais intensa as crianças.

Segundo a conceção da jurisprudência, a noção de ato sexual de relevo comporta um elemento objetivo e um subjetivo, abrangendo apenas atos que se revistam de certa gravidade, devido ao caráter do direito penal como *ultima ratio* de intervenção social[6]. Contudo, a invocação da natureza fragmentária ou subsidiária do direito penal, neste contexto, não parece pertinente, quando estão em causa comportamentos lesivos da dignidade e da integridade das crianças, praticados com dolo intenso, devendo ser decisivo o elemento subjetivo, independentemente da relação objetiva do ato com o sexo. Bastará, portanto, que esteja preenchido, apenas um destes elementos, ou o objetivo (toque em zonas erógenas do corpo), que permite presumir o elemento intencional, ou o subjetivo (a intenção de obter gratificação sexual). O elemento subjetivo pode estar presente em atos aparentemente anódinos, mas que assumem um caráter lesivo da dignidade humana da criança e dos seus direitos ao livre desenvolvimento da personalidade e integridade sexual. A negação à vítima do seu estatuto de pessoa e a sua redução a objeto de outrem justificam

---

[6] Cf. Acórdão da Relação de Coimbra, de 15-09-2010 (Relator: Paulo Guerra), in *Base Jurídico--Documental do MJ*, www.dgsi.pt. «Ato sexual de relevo só pode ser considerado aquele que tem relação com o sexo (relação objetiva) e em que, além disso haja por parte do seu autor a intenção de satisfazer apetites sexuais».

a inclusão destes atos, no âmbito da incriminação penal, independentemente da prova de um concreto perigo para a sua autodeterminação sexual, pois a lei presume, de acordo com as regras de experiência, que estes atos prejudicam sempre o livre desenvolvimento das crianças.

A doutrina penalista, orientada por uma preocupação de evitar uma excessiva criminalização, tende a fazer uma interpretação restritiva do conceito, que deixa desprotegidas as crianças vítimas de abusos que não deixam marcas físicas (Dias, 1999). Não são conhecidos os fundamentos dos despachos de arquivamento e das decisões de absolvição dos Tribunais de 1.ª instância, que não estão publicados. Contudo, sabe-se, como resulta dos trabalhos de investigação feitos na área, que um despacho de arquivamento não significa denúncia falsa ou infundada, e que o motivo mais frequente para fundamentar o arquivamento é a insuficiência de provas (Jardim, 2011), fenómeno explicado por falta de formação especializada dos profissionais ou erros na apreciação da prova, pela desvalorização do testemunho das crianças mais pequenas, pela ausência de lesões ou vestígios físicos do abuso ou pelo desaparecimento das provas biológicas (sémen, saliva ou pele do abusador), devido à realização tardia dos exames (Jardim, 2011). Afigura-se provável que tal resultado se explique, não só pelas dificuldades de prova ou por deficiência na avaliação da mesma, mas também por erro na qualificação dos factos, em virtude de uma visão demasiado restrita do conceito de ato sexual de relevo[7].

A jurisprudência, nos casos que terminam em condenação, tem adotado uma visão relativamente ampla do conceito de ato sexual de relevo, embora seja provável que muitos casos semelhantes a estes tenham sido arquivados: «Pratica um "ato sexual de relevo" (....), o arguido com 50 anos de idade, que, com intenção de obter satisfação sexual, e, depois de lhe ter oferecido dinheiro, dá um beijo na boca a uma menor de 10 anos de idade, agarrando-a pela cintura»[8]; «Entre os 3 e 4 anos de idade, em várias ocasiões, quase sempre quando tomava banho nu com a filha, após chegar a casa da barbearia, o arguido convenca a filha, a apalpar-lhe e beijar-lhe o pénis enquanto por sua vez a beijava na região vaginal. Por vezes, quando estava a sós, a vesti-la

---

[7] Cf. Processo n.º 0642216, Parecer n.º 92, Ministério Público, Tribunal da Relação do Porto, Novais Machado, 30 de março de 2006.
[8] Cf. Acórdão da Relação de Lisboa, de 28 de maio de 1997, *CJ*, 1997, Tomo II, pp. 148 e ss

no seu quarto, solicitava à filha que lhe beijasse a zona genital»[9]; «Pratica ato sexual de relevo para efeitos do art. 171.º, n.º 1, do Código Penal o arguido que ao meter a mão por baixo da saia, apalpando a vagina da menor pergunta--lhe se gostava»[10].

Disposições comuns aos crimes de violência doméstica, maus tratos e criminalidade sexual

Natureza pública
Os crimes de violência doméstica, de maus tratos e os crimes sexuais contra crianças são crimes públicos, com exceção, dentro deste grupo, do crime de atos sexuais com adolescentes, previsto no art. 173.º, o qual depende de queixa, salvo se dele resultar suicídio ou morte da vítima (art. 178.º, n.º 2).

A classificação de um crime violento como público significa que não é necessária a apresentação de queixa nem a demonstração processual da vontade de agir da vítima ou dos seus representantes legais. A promoção da ação penal compete ao Ministério Público, como titular da ação penal, e a desistência da vítima ou dos seus representantes legais não é relevante.

A denúncia é obrigatória para as entidades policiais para todos os crimes de que tomarem conhecimento e para os funcionários quanto a crimes que tomarem conhecimento no exercício das suas funções e por causa delas (art. 242.º do CPP). Qualquer profissional (psicólogo/a, médico/a, professor/a, diretor/a ou funcionário/a de escola ou de instituição) que tenha conhecimento de um crime violento contra uma criança, quer exerça funções numa instituição pública, quer numa pessoa coletiva de direito privado de utilidade pública, por exemplo, um colégio privado, deverá denunciar o crime às entidades policiais ou ao MP, junto do tribunal penal. A comunicação é, também, obrigatória para qualquer pessoa que tenha conhecimento de situações que ponham em risco a vida, a integridade física ou psíquica ou a liberdade da criança ou do jovem e deve ser feita às entidades com competência em matéria de infância ou juventude, às entidades policiais, às comissões de proteção ou às autoridades judiciárias (art. 66.º, n.º 2 da LPCJP).

---

[9] Cf. Acórdão da Relação do Porto, de 11-09-2006 (não publicado).
[10] Cf. Acórdão da Relação de Coimbra, de 02-02-2011 (Relator: Belmiro Andrade), in *Base Jurídico-Documental do MJ, www.dgsi.pt*

Possibilidade de suspensão provisória do processo

Apesar de não ser necessária apresentação de queixa pelos representantes legais, nos crimes contra a liberdade e autodeterminação sexual de menor não agravados pelo resultado, o Ministério Público, tendo em conta o interesse da vítima, pode determinar a suspensão provisória do processo, com a concordância do juiz de instrução e do arguido, desde que não tenha sido aplicada anteriormente medida similar por crime da mesma natureza (art. 178.º, n.º 3 CP).

Em relação aos crimes de violência doméstica e de maus tratos, de acordo com o art. 281.º do CPP, o MP, em fase de inquérito, pode determinar a suspensão do processo, com a concordância do juiz de instrução, mediante a imposição ao arguido de injunções e regras de conduta, sempre que se verificarem os seguintes pressupostos: concordância do arguido e do assistente; ausência de condenação anterior por crime da mesma natureza; ausência de aplicação anterior de suspensão provisória de processo por crime da mesma natureza; não haver lugar a medida de segurança de internamento; ausência de um grau de culpa elevado; e ser de prever que o cumprimento das injunções e regras de conduta responda suficientemente às exigências de prevenção que no caso se façam sentir. Esta medida permite que o arguido não seja sujeito a julgamento nem condenado e visa promover, nos termos do art. 38.º, n.º 2 da lei 112/2009, a reinserção do agente. Contudo, em especial a suspensão admitida com base em requerimento livre e esclarecido da vítima, nos termos do art. 281.º, n.º 6, deve ser cuidadosamente aplicada, para que não se transforme no veículo para permitir que a vítima de violência doméstica, a mulher e mãe das crianças também vitimizadas, desista do processo, pelo medo de retaliações do agressor ou por desvalorizar a proteção dos filhos.

Possibilidade de suspensão da pena

A pena de prisão pode ser suspensa na sua execução, isto é, pode não ser cumprida, se atendendo à personalidade do agente, às condições da sua vida, à sua conduta anterior e posterior ao crime e às circunstâncias deste, o julgador concluir que a censura do facto e a ameaça de pena de prisão realizam de forma adequada e suficiente as finalidades da punição (art. 50.º, n.º 1 do CP), podendo esta suspensão ser subordinada ao cumprimento de deveres ou à observância de regras de conduta (art. 50.º, n.º 2 do CP), bem como a programas para autores de crimes de violência doméstica (art. 38.º, n.º 2 da lei 112/2009).

A investigação científica sobre crimes violentos contra crianças, sobretudo tratando-se de abuso sexual de crianças, demonstra que estes crimes são premeditados e reveladores de uma elevada culpabilidade, e que o agressor tende a reincidir, pelo que, em contracorrente ao que tem sido a prática judiciária[11], não deve ser suspensa a execução das penas de prisão, por razões de prevenção geral e especial, bem como de proteção das vítimas e garantia do direito destas à recuperação psicológica e reinserção social.

Direitos das vítimas nos processos que lhes dizem respeito

Medidas para proteção de testemunhas em processo penal
A lei de proteção de testemunhas (lei 93/99, de 14 de julho, com as alterações introduzidas pela leis 29/2008, de 4 de julho e 42/2010, de 3 de setembro, regulamentada pelo decreto-lei 190/2003, de 22 de agosto) regula a aplicação de medidas para proteção de testemunhas, em processo penal, quando a sua vida, integridade física ou psíquica, liberdade ou bens patrimoniais de valor consideravelmente elevado sejam postos em perigo por causa do seu contributo para a prova dos factos que constituem objeto do processo. Estas medidas podem abranger os familiares das testemunhas, as pessoas que com elas vivam em condições análogas às dos cônjuges e outras pessoas que lhes sejam próximas. A lei prevê, também, medidas que se destinam a obter, nas

---

[11] Segundo estatísticas da Justiça de 2006 (*Estatísticas da Justiça, Justiça Penal 2006*) para um total de 94 condenados por crime de maus tratos a menores ou pessoas indefesas, 84 das penas de prisão aplicadas foram suspensas na sua execução, valor correspondente a uma proporção de 89, 3%, o que denota a displicência com que os Tribunais encaram estes crimes. Nos crimes de abuso sexual de crianças e menores dependentes, a proporção de penas de prisão suspensas (88) relativamente ao total de condenados (161) foi de 54,6%., em 2006. Resultados semelhantes decorrem também do estudo de Jardim (2011, p. 23) que incidiu sobre 185 decisões judiciais (arquivamento e sentença) relativas a crimes de natureza sexual contra vítimas com idade inferior a 18 anos, submetidas a exame médico-legal nos serviços do Norte do Instituto Nacional de Medicina Legal, entre 2004 e 2008. Nos casos que terminaram em condenação (26,5% do total dos casos), aos condenados foi aplicada pena de prisão efetiva em 49% dos casos e pena suspensa em 42,8%. Quatro condenados (8,2%) foram considerados inimputáveis em razão da idade ou por patologia do foro psiquiátrico, tendo-lhes sido aplicadas medidas de segurança (Jardim, 2011, p. 26).

melhores condições possíveis, depoimentos ou declarações de pessoas especialmente vulneráveis, nomeadamente em razão da idade, mesmo que se não verifique perigo para a sua vida, liberdade ou integridade. A especial vulnerabilidade da testemunha pode resultar da sua diminuta ou avançada idade, do seu estado de saúde ou do facto de ter de depor ou prestar declarações contra pessoa da própria família ou de grupo social fechado em que esteja inserida numa condição de subordinação ou dependência (art. 26.º). Neste conceito de pessoas especialmente vulneráveis, em razão da idade, estão abrangidas as crianças vítimas ou testemunhas de crimes violentos, aplicando-se o conceito de crianças da Convenção sobre os Direitos das Crianças e das diretivas relativas à luta contra o abuso e a exploração sexual de crianças, que abrange todas as pessoas até aos 18 anos de idade.

A lei prevê, entre outros, o direito à ocultação de imagem e distorção de voz (art. 4.º), o direito a depor por teleconferência (art. 5.º), direito à não revelação da identidade da testemunha (art. 13.º), se estiverem presentes os pressupostos do art. 16.º, o direito a medidas de segurança e proteção policial, entre as quais a alteração do local físico da residência habitual (art. 20.º), o direito a programa especial de segurança, de acordo com os requisitos do art. 21.º e o direito a acompanhamento por técnico de serviço social ou outra pessoa especialmente habilitada para o seu acompanhamento, bem como, se for caso disso, direito a apoio psicológico por técnico especializado (art. 27.º). Durante o inquérito, o depoimento ou as declarações da testemunha especialmente vulnerável deverão ter lugar o mais brevemente possível após a ocorrência do crime, devendo sempre que possível ser evitada a repetição da audição da testemunha especialmente vulnerável, podendo ainda ser requerido o registo para memória futura nos termos do art. 271.º do CPC (art. 28.º). A testemunha especialmente vulnerável, nas fases subsequentes ao inquérito, tem direito a não se encontrar com o arguido e a ser ouvida com utilização de meios de ocultação ou de teleconferência, nomeadamente a partir de outro local do edifício do tribunal (art. 29.º).

Regime jurídico aplicável à proteção e à assistência das vítimas de violência doméstica
A lei 112/2009, aplicável exclusivamente às situações descritas no art. 152.º do CP (violência doméstica), conforme o art. 2.º, prevê um conjunto de medidas de proteção e de assistência, e princípios de intervenção, dos quais des-

tacamos, o princípio do respeito e reconhecimento da dignidade pessoal da vítima (art. 6º), o princípio da autonomia da vontade (art. 7º), o princípio da confidencialidade (art. 8.º), o princípio do consentimento (art. 9º), o princípio do acesso equitativo aos cuidados de saúde (art. 12.º), o direito ao estatuto de vítima (art. 14.º), o direito a assistência específica (art. 18º), o direito a um nível adequado de proteção (art. 20º), o direito à informação (art. 15.º), o direito à audição e à apresentação de provas (art. 16.º), o direito a assistência específica (art. 18.º), o direito à proteção das vítimas e suas famílias, no que respeita à segurança e vida privada (art. 20.º, n.º 1), devendo evitar-se o contacto entre vítimas e arguidos, em todos os locais que impliquem a sua presença em diligências conjuntas (art. 20.º, n.º 2), e o direito a que as vítimas especialmente vulneráveis beneficiem, por decisão judicial, de condições de depoimento que as protejam da audiência pública (art. 20.º, n.º 3), bem como a possibilidade de o juiz ou o MP determinarem que seja assegurado à vítima apoio psicossocial e proteção por teleassistência (art. 20.º, n.º 4). A vítima beneficia de condições de prevenção da vitimação secundária, gozando do direito a ser ouvida em ambiente informal e reservado, e do direito a dispor de atendimento psicológico e psiquiátrico (art. 22.º), bem como da garantia de acesso ao direito e a apoio judiciário, com natureza urgente, ponderada a insuficiência económica (art. 25.º).

A lei consagra, também, o direito da vítima a indemnização e à restituição de bens (art. 21.º). No que diz respeito ao direito de indemnização, este pode ser deduzido em processo civil separado ou no processo penal. Não tendo sido deduzido este pedido de indemnização, o tribunal, no processo penal, em caso de condenação, pode arbitrar uma quantia a título de reparação pelos prejuízos sofridos pela vítima, quando particulares exigências de proteção desta o justifiquem (art. 82.º A CPP), nomeadamente em casos de grave carência económica. A vítima de crimes violentos e de violência doméstica tem também o direito ao adiantamento da indemnização por parte do Estado, nos termos do regime definido na lei 104/2009, de 14 de setembro.

Em caso de flagrante delito por crime de violência doméstica, o agressor pode ser detido, ou seja, ser privado da liberdade por um prazo máximo de 48 horas, até ser apresentado a audiência de julgamento sob a forma sumária ou a primeiro interrogatório judicial para eventual aplicação de medida de coação ou de garantia patrimonial (art. 30.º, n.º 1). É possível também a detenção fora de flagrante delito, efetuada por mandado do juiz ou do MP, se houver perigo de continuação da atividade criminosa ou se tal se mostrar imprescindível à proteção da vítima (art. 30.º, n.º 2).

As medidas de coação constituem também uma forma de proteção das vítimas, mas a sua aplicação depende dos princípios da adequação, necessidade e proporcionalidade, de acordo com os pressupostos definidos no Código de Processo Penal. O art. 31.º da lei 112/2009 enumera as medidas de coação aplicáveis: a) Não adquirir, não usar ou entregar, de forma imediata, armas ou outros objetos e utensílios que detiver, capazes de facilitar a continuação da atividade criminosa; b) Frequência de programa para arguidos no contexto da violência doméstica; c) Não permanecer na residência onde o crime tenha sido cometido ou onde habite a vítima; d) Proibição de contacto com a vítima ou de frequência de certos lugares ou certos meios. A lei 112/2009 prevê, ainda, a aplicação dos meios de controlo à distância para fiscalização das medidas de coação (art. 35º).

Nos processos-crime de violência doméstica, são também aplicáveis as demais medidas previstas no Código de Processo Penal, nomeadamente, as mais restritivas da liberdade do arguido, a prisão preventiva e a obrigação de permanência na habitação, de acordo com o princípio da subsidiariedade, isto é, desde que as outras medidas não sejam suficientes, e que a gravidade dos factos e o perigo de continuação da atividade criminosa o exijam. O art. 202.º, n.º 1, al a) do CPP não constitui obstáculo à aplicação da medida de prisão preventiva, pois, apesar de referir como pressuposto da medida que haja fortes indícios da prática de um crime doloso com pena de prisão de máximo superior a 5 anos, o que excluiria a violência doméstica, punível, segundo o art. 152.º, n.º 1 e 2 do CP, com uma moldura penal de limite máximo de 5 anos, a mesma disposição legal prevê, na sua al. b), a possibilidade de o juiz impor a prisão preventiva, se houver fortes indícios de prática de crime doloso que corresponda a criminalidade violenta. Este conceito, em que se integra o crime de violência doméstica, está definido no art. 1.º al. j) do CPP, como as condutas que dolosamente se dirigirem contra a vida, a integridade física, a liberdade pessoal, a liberdade e autodeterminação sexual ou a autoridade pública, puníveis com pena de prisão de máximo igual ou superior a 5 anos. No caso de, paralelamente ao processo-crime, estar a correr um processo de regulação das responsabilidades parentais, o juiz do processo-crime deve comunicar a existência da medida de coação ao juiz do processo tutelar cível, a fim de evitar que o regime de visitas frustre os fins da medida de coação.

A vítima tem ainda o direito de recurso à vídeoconferência ou à teleconferência e ao acompanhamento na prestação de declarações por profissional de saúde (art. 32.º). O juiz pode, a requerimento da vítima ou do MP, proceder à inquirição da vítima no decurso do inquérito, embora a tomada de declarações nestes termos não prejudique a prestação de depoimento em audiência de julgamento, sempre que ela seja possível e não ponha em causa a saúde física e psíquica da vítima (art. 33.º, n.s 1 e 7).

A vítima beneficia de tutela social, nos termos do Código de Trabalho, em matéria de mudança da trabalhadora que seja vítima de violência doméstica de tempo completo para tempo parcial ou vice-versa (art. 41.º), direito à transferência, temporária ou definitiva, a seu pedido para outro estabelecimento da empresa (art. 42.º), as faltas dadas pela vítima em razão do crime de violência doméstica são consideradas justificadas (art. 43.º). A vítima tem, ainda, direito a apoio ao arrendamento (art. 45.º), ao rendimento social de inserção (art. 46.º), a transferência da perceção do abono de família relativamente aos filhos menores (art. 47.º), à formação profissional (art. 48.º), a tratamento clínico (art. 49.º) e a isenção de taxas moderadoras no âmbito do Serviço Nacional de Saúde. Existe uma rede nacional de apoio às vítimas de violência doméstica, composta pelo organismo da Administração Pública responsável pela área da cidadania e da igualdade de género, as casas abrigo, os centros de atendimento e os centros de atendimento especializado, que prestam serviços gratuitos (arts 53.º e 54.º, n.º 1). Aos filhos menores das vítimas acolhidas em casa abrigo é garantida a transferência escolar, sem observância do *numerus clausus*, para estabelecimento escolar mais próximo da casa abrigo (art. 74.º).

Medidas de proteção de menores, em cumprimento do art. 5.º da Convenção do Conselho da Europa contra a exploração sexual e o abuso sexual de crianças, de 25 de outubro de 2007
O art. 2.º, n.º 1 da lei 113/2009, de 17 de setembro exige que, no recrutamento para profissões, empregos, funções ou atividades, públicas ou privadas, ainda que não remuneradas, cujo exercício envolva contacto regular com menores, a

entidade recrutadora esteja obrigada a pedir ao candidato a apresentação de certificado de registo criminal e a ponderar a informação constante do certificado na aferição da idoneidade do candidato para o exercício das funções. O certificado requerido por particulares para o fim previsto no n.º 1 deve conter as condenações por crime de violência doméstica, maus-tratos e por crimes contra a liberdade e a autodeterminação sexual e as decisões que apliquem penas acessórias de inibição do exercício das responsabilidades parentais, em sentenças de condenação por crime de violência doméstica e por crimes contra a autodeterminação sexual de crianças ou medidas de segurança que interditem a atividade. Neste certificado constam também as decisões proferidas por tribunais estrangeiros.

A lei prevê, no seu art. 3.º, um dever de aferição de idoneidade, na tomada de decisões de confiança de menores, para as autoridades judiciárias que devam decidir sobre a adoção, tutela, curatela, acolhimento familiar, apadrinhamento civil, entrega, guarda ou confiança de menores ou regulação do exercício das responsabilidades parentais, através do acesso à informação sobre a identificação criminal das pessoas a quem a criança possa ser confiada. As autoridades judiciárias podem ainda aceder à informação sobre a identificação criminal das pessoas que coabitem com as candidatas à guarda e exercício das responsabilidades parentais. Tratando-se de procedimento não judicial, a comissão de proteção de crianças e jovens, ou a entidade que for competente, solicita informação ao Ministério Público.

Ligação entre processo-crime e processo tutelar cível
A partir do momento em que o crime de abuso sexual, maus tratos ou de violência doméstica é revelado, a criança vítima entra no mundo da justiça através de duas vias, a da justiça criminal, que tem como objetivo a investigação dos factos e a aplicação de uma sanção ao agressor, e a da justiça de proteção, relevante nos casos em que o abuso ou o mau trato apresenta uma natureza intrafamiliar, o que sucede na maioria dos casos.

Nestes termos, a par do processo-crime, pode ser instaurado um processo de promoção e proteção, regulado na lei n.º 147/99, de 1 de setembro, um processo de regulação das responsabilidades parentais ou um processo de limitação/inibição das responsabilidades parentais, de acordo com as normas da Organização Tutelar de Menores e do Código Civil.

Nos termos do art. 3.º, n.º 2 da LPCJP, as crianças que sofrem abusos sexuais ou que são vítimas de maus tratos físico ou psíquicos, ou são obrigadas a trabalhos excessivos ou inadequados à sua idade, são consideradas crianças em perigo e sujeitas à aplicação de uma das medidas de promoção e proteção presentes no art. 35.º. Estas têm como objetivo afastar o perigo em que a criança se encontra, proporcionar-lhe as condições que permitam proteger e promover a sua segurança, saúde, formação, educação, bem-estar e desenvolvimento integral, bem como garantir a recuperação física e psicológica da criança. As medidas de proteção das crianças vítimas, no caso do abuso intrafamiliar, têm consistido, sobretudo, na institucionalização, estigmatizante para as crianças, pois agrava os danos psicológicos causados pelo abuso e provoca angústia, sensação de abandono e desamparo, bem como ambivalência em relação ao abusador (Ribeiro & Manita, 2007). Para respeitar o superior interesse da criança, deve reforçar-se a posição dos membros da família não abusadores e aplicar medidas que fomentem a manutenção da criança no meio natural de vida, junto destes familiares [art. 35.º, al. b) da LPCJP].

A participação da criança, no processo judicial, pode ser uma experiência emocionalmente exigente e stressante, que agrava o impacto do abuso e dá origem ao que se designa por vitimação secundária. As crianças vítimas de abuso sexual intrafamiliar são ouvidas, em média, oito vezes, quer pelos profissionais, quer pelos familiares, professores ou outros adultos de confiança (Ribeiro & Manita, 2007). Durante os processos judicias, as crianças são sujeitas a sucessivos e longos interrogatórios realizados por profissionais sem formação especializada e a perícias e avaliações psicológicas para averiguar a sua capacidade de testemunhar, exigidas, sobretudo, quando se trata de suspeita de crime sexual, contexto em que mais se duvida da credibilidade do testemunho da criança (Ribeiro, 2009). Para evitar esta vitimação secundária, a criança tem o direito de se fazer acompanhar por uma pessoa da sua confiança, nos processos de promoção e de proteção (art. 84.º, n.º 2 da LPCJP) e a audição das crianças, nos casos de abuso sexual, obedece a determinados métodos e regras, devendo de preferência ser feita pela mesma pessoa ou uma única vez, por uma equipa altamente especializada (Ribeiro & Manita, 2007; Ribeiro, 2009). Da experiência europeia e dos estudos feitos, nesta matéria, resulta que o melhor método para ouvir a criança consiste na entrevista não dirigida ou no relato livre, segundo o qual a criança é convidada a evocar os factos de maneira livre, pelas suas palavras e ao seu próprio ritmo, permitindo este relato livre obter uma recordação mais fiel e evitar perguntas dirigidas ou sugestivas (Somers & Vandermeersch, 1998; Freeman, 1997). A audição da criança é registada em vídeo, para evitar o trauma de a criança ser obrigada a relatar o facto a várias entidades e uma confrontação direta com o abusador, assim como para registar as suas emoções, choros, silêncios, hesitações, respostas gestuais e olhares que são sempre apagados pela linguagem escrita (Somers & Vandermeersch, 1998). Os profissionais com formação especializada recomendam estratégias facilitadoras da entrevista e defendem a audição para memória futura ou pela entrevista com recurso a espelho unidirecional, de forma a evitar a vitimação secundária resultante da repetição das audições (Ribeiro, 2009).

Medidas de proteção de menores no processo penal
No direito penal e processual penal, é importante estudar o estatuto das crianças vítima de crimes violentos, sobretudo, a área dos crimes sexuais, em que a dupla vitimação provocada pelo sistema social e judicial de proteção é particularmente traumatizante para as crianças. Na sequência de obrigações assumidas pelo Estado português, a ordem jurídica nacional impõe, no processo-crime, a inquirição da criança para memória futura, durante o inquérito, através de vídeo-conferência (art. 271.º, n.ºs 1 e 2 do CPP), para concretizar a obrigação do Estado de evitar a repetição dos interrogatórios e dos exames, geradores do fenómeno da vitimização secundária das crianças. O Código de Processo Penal contém, ainda, no art. 349.º, regras relativas à inquirição de testemunhas menores de 16 anos e estipula, no art. 352.º, n.º1, al) b), o direito da vítima ao afastamento do arguido da sala de audiências.

Na escolha das medidas de coação relativamente ao abusador e das medidas de proteção da criança, importa também considerar, como critério de ponderação nas decisões judiciais, quer no processo-crime, quer no processo de promoção e de proteção [art. 4.º, al. a) da LPCJP], o interesse da criança vítima e o seu direito à reinserção social e à recuperação física e psicológica, bem como direito à assistência, consagrados no art. 39.º da Convenção dos Direitos da Criança e no art. 9.º, n.º 3 do Protocolo Adicional Facultativo relativo à venda de crianças, à exploração sexual e pornografia infantis.

No processo penal, as medidas alternativas à prisão e as medidas de segurança em regime aberto revelam-se ineficazes quando o agressor é um membro da família da criança ou vive nas proximidades, como é a regra nestes crimes. Para realizar os objetivos da Convenção e do Protocolo, dada a tendência dos abusadores sexuais para reincidir, deve dar-se preferência a medidas de coação que envolvam a restrição da liberdade do abusador, como a prisão preventiva, e à aplicação de penas de prisão efetiva ou de medidas de segurança em regime fechado, em caso de condenação.

No Código de Processo Penal existem ainda normas destinadas à proteção das vítimas de crimes sexuais, entre as quais os arts 87.º, n.º 3, que estipula que, em caso de processo por tráfico de pessoas ou contra a liberdade e autodeterminação sexual, os atos processuais decorrem, em regra com exclusão de publicidade, o art. 88.º, n.º2, al) c), relativo à proibição da publicação da identidade da vítima de crimes contra a autodeterminação sexual e o art. 131.º, n.3, que estipula que, tratando-se de depoimento de menor de 18 anos, em crimes contra a liberdade e autodeterminação sexual, pode ter lugar perícia sobre a personalidade para averiguar a capacidade de testemunhar. Segundo a investigação científica, a capacidade da criança verifica-se a partir dos 4 anos de idade, fase do desenvolvimento em que a criança distingue a verdade da mentira (Ribeiro, 2009), sendo falsa a aceção tradicional de que a criança tem tendência para mentir e fazer confabulações.

Processos tutelares cíveis: promoção e proteção de crianças em perigo e regulação das responsabilidades parentais

a) Abuso sexual de crianças
Se não existirem, no processo-crime, elementos suficientes que permitam afirmar a culpabilidade do agressor ou a prova dos factos, mantém-se, todavia, o processo de promoção e proteção ou o processo de regulação das responsabilidades parentais, em caso de separação ou divórcio dos pais.

O facto do número de condenações por crime de abuso sexual de crianças ser baixo não significa qualquer epidemia falsa de denúncias, sendo, antes, o fruto do silêncio da sociedade e da falta de profissionais especializados, circunstâncias que aumentam a probabilidade de, em processos-crime, que terminam com absolvição por insuficiência de prova ou despachos de arquivamento, ter efetivamente ocorrido um abuso[12]. Aceitar os princípios fundamentais do Estado de Direito, segundo os quais o arguido se presume inocente e não pode ser condenado com base em factos não provados, não implica que as declarações de uma criança se presumam mentirosas ou "falsas memórias". Os processos tutelares cíveis regem-se pelos mesmos princípios dos processos de promoção e proteção de crianças em perigo, por força da remissão do art. 147.º A da OTM, norteando-se pelo princípio do superior interesse da criança [art. 4.º, al. a) da LPP]. Estes processos têm por objeto decidir o destino de uma criança, de acordo com o seu interesse, e/ou a aplicar medidas de proteção contra um perigo, não visando condenar penalmente o progenitor, mas sim proteger a criança, sendo o ónus da prova no processo civil menos exigente do que no processo penal, em que vale o princípio *in dubio pro reu*. Em caso de dúvida, a decisão, no processo de regulação do poder paternal, deve ser *pro interesse da criança* e não *pro interesse do adulto acusado ou suspeito*, como sucede nos processos-crime, perante situações de dúvida na apreciação da prova. Nos processos tutelares cíveis, deve prevalecer uma lógica de proteção da criança sobre a reputação do adulto acusado. A noção de perigo, nos processos tutelares cíveis, não exige a consumação do dano, bastando, para a aplicação de uma medida de proteção, a probabilidade da sua verificação (Borges, 2007). Por outro lado, a noção de abuso sexual prevista no art. 3.º, n.º 2, al. b) da LPCJP é distinta da noção de «ato sexual de relevo» ou de importunação sexual, como elementos do tipo legal de crime de abuso sexual (art. 171.º do CP), abrangendo atos com conotação sexual, mas que não consubstanciam, de acordo com a ótica mais exigente do Tribunal Penal, atos sexuais de relevo ou de importunação sexual (Borges, 2007)[13]. Do ponto de vista da LPCJP não interessa nem a intenção do agente nem a culpa

---

[12] Segundo os resultados do estudo de Jardim (2011, p. 26) a análise de 185 decisões judiciais (sentença e despachos de arquivamento) revelou que a maioria das denúncias foi arquivada pelo MP, 68, 1%, tendo apenas 30, 8% dos casos sido objeto de acusação e julgamento. O motivo mais frequente para o arquivamento foi a insuficiência de provas, invocado em 54,8% dos despachos de arquivamento. Dos casos em que houve acusação, em 14%, o arguido foi absolvido e, em 86%, o arguido foi condenado, representando a taxa de condenação 26,5% dos casos iniciais.

[13] "Pode verificar-se abuso sexual carente de proteção pela LPCJP, ainda que o ato sexual de relevo (na terminologia do artigo 172.º do CP) seja praticado com jovem de mais de 14 anos e ainda que tal prática sexual não seja punida penalmente" (Borges, 2007, p. 41).

jurídico-criminal do agente, mas a perceção do facto pela criança, ou seja, a forma como esta sente que o facto praticado é intrusivo na sua intimidade e no seu corpo ou ofensivo da sua sensibilidade.

No processo penal prevalecem princípios garantísticos dos direitos dos arguidos perante o poder punitivo do Estado, o que implica exigências especiais de prova para fundamentar uma condenação, dado o caráter estigmatizante e restritivo de direitos fundamentais, que resulta da condenação e da aplicação de penas. No processo de proteção ou de regulação, o bem-estar da criança é o centro do processo, e os seus interesses e necessidades de proteção prevalecem sobre os interesses dos adultos, podendo suceder que, factos que não reúnem prova suficiente no processo penal, se considerem provados no processo tutelar cível.

b) *Violência doméstica e maus tratos*

Crianças em perigo são também, para além das crianças vítimas diretas de violência doméstica e de maus tratos físicos e psíquicos, as crianças que assistem à violência doméstica, de acordo com as alíneas a) e d) do art. 3.º da LPCJP, porque estão sujeitas a maus tratos psíquicos e a comportamentos que afetam o seu equilíbrio emocional, situação que merece destaque devido à sua habitual invisibilidade.

A violência doméstica tem permanecido oculta, nos processos de regulação das responsabilidades parentais, marcados por acordos tipificados, que as mulheres não têm poder para negociar, e por uma lógica de igualdade formal, que privilegia o exercício conjunto das responsabilidades parentais e o direito de visita do progenitor masculino, em detrimento da segurança da mãe e do/as filhos/as. Em certos casos, por pobreza da mãe, a guarda das crianças menores é atribuída ao pai, devido ao mito segundo o qual um homem pode ser agressivo com a mulher mas bom para o/as filhos/as. Estes mitos devem ser desfeitos, através de formação especializada de magistrados, pois os filhos costumam assistir ou aperceber-se das agressões do pai contra a mãe e sofrem danos psicológicos graves. Está demonstrado, pela investigação científica, que as crianças, que assistem à violência do pai contra a mãe ou que meramente a conhecem, sofrem de problemas comportamentais, intelectuais, físicos e emocionais, doenças psicossomáticas, regressão no desenvolvimento, sono agitado, baixa autoestima, pesadelos, desordens alimentares, insucesso escolar, isolamento e depressão, consistindo a violência uma forma de abuso psíquico das crianças (Parkinson & Humphreys, 1998; Sani, 2006). A memória das crianças que viram ou ouviram a violência do pai contra a mãe acompanha-as para sempre. O sofrimento causado por este facto provoca, nas crianças, danos na sua saúde psíquica, que se prolongam na idade adulta (Wallerstein, Lewis & Blakelee, 2002).

A experiência tem revelado que a violência continua depois da separação ou do divórcio e que as crianças são diretamente atingidas quando tentam proteger a mãe ou indiretamente pelo facto de assistirem à violência. As crianças vítimas de violência doméstica, para além de precisarem da lei penal, para verem o agressor punido, precisam, também, da lei civil, em particular, do direito da família, o qual deve refletir a sua situação de fragilidade e de injustiça, assim como o seu sofrimento, contendo medidas de proteção. A violência doméstica não pode ser discutida apenas nos tribunais penais, mas também nos tribunais de família, caso contrário, nas situações em que não é apresentada queixa-crime ou em que o processo-crime não termina em condenação, por insuficiência de provas, as vítimas ficam sem qualquer proteção. Num contexto legislativo em que o princípio-regra consagrado na lei é o exercício conjunto das responsabilidades parentais (art. 1906.º, n.º 1 C.C.). As mulheres sujeitam-se a ter que entrar em contacto com o agressor, para tomada de decisões em relação aos/às filhos/as e a cumprir regimes coercivos de visitas, mesmo perante a recusa da criança, sob pena de serem perseguidas penalmente por crime de subtração de menores, tipificado pelo art. 249.º, n.º 1 al. c) do CP, que pune o incumprimento do regime de convivência com o outro progenitor. Para evitar a ameaça penal injustificada contra as mulheres e para proteger as crianças, o regime de visitas do progenitor masculino, nas situações de indícios ou de suspeita de violência doméstica, deve ser suspenso ou supervisionado e o MP deve requerer, ao abrigo ao art. 148.º, n.º 3 da OTM, uma medida de proteção de apoio junto da mãe [art. 35.º al.a) da LPCJP9].

Conclusões e recomendações
Os/As profissionais e os/as cidadãos/ãs que têm conhecimento de crimes de violência doméstica, maus tratos ou abuso sexual de crianças devem denunciá-los às entidades judiciárias ou policiais.

A realização de exames ou avaliações psicológicas deve ser o mais precoce possível, para que a prova não desapareça, devendo a criança ser imediatamente conduzida ao Instituto de Medicina Legal, evitando-se múltiplas audições prévias, que acabam por «contaminar» o discurso da criança, contribuindo para a desvalorização do seu testemunho, em tribunal.

A criança deve ser ouvida por profissionais com formação especializada, em violência doméstica e abuso sexual, de preferência, sempre a mesma pessoa, para que se crie uma relação de confiança, e o depoimento da criança deve ser gravado para memória futura, através de vídeo-conferência.

A noção de especialização profissional exige a frequência de seminários de formação contínua e preparação intensa em abuso sexual ou violência doméstica, bem como trabalho com crianças ou adultos que tenham sido sexualmente abusados. O treino e a experiência em trabalhar com populações vítimas de abuso e/ou de violência doméstica e maus tratos é um requisito necessário para uma avaliação psicológica válida da criança.

Os medos e as necessidades de segurança das mulheres e das crianças, vítimas de violência, devem refletir-se nas decisões judiciais: não devem ser impostas visitas, em situações de indícios ou de suspeita de violência doméstica ou de abuso sexual. As decisões judiciais, nestas situações, devem ser orientadas pela proteção da criança e não pela manutenção da relação desta com ambos os progenitores.

A criança tem direito a fazer-se acompanhar por uma pessoa da sua confiança, em todas as audições, e à nomeação de um/a advogado/a ou representante, não só nos processos de promoção ou proteção, conforme está previsto na lei (art. 103.º, n.º 2 da LPCJP), mas também nos processos de regulação das responsabilidades parentais.

Nos processos-crime, em que haja fortes indícios da prática do facto e perigo de continuação da atividade criminosa, deve aplicar-se imediatamente a medida de coação de prisão preventiva. Nos processos que terminem em condenação, não deve ser aplicada a suspensão da execução da pena, por razões de culpabilidade do agressor, proteção da vítima, prevenção geral e especial.

Referências

Beleza, T. P. (2000). *Direito Penal* (2.º Volume). Lisboa: AAFDL.

Borges, B. M. (2007). *Proteção de Crianças e Jovens em Perigo, Comentários e Anotações à Lei N.º 147/99 de 1 de setembro*. Coimbra: Almedina.

Cunha, M. C. F. (1995). *Constituição e Crime, Uma Perspetiva da Criminalização e da Descriminalização*. Estudos e Monografias. Porto: Universidade Católica Portuguesa – Editora.

Dias, J. F. (1999). *Comentário Conimbricense do Código Penal, Parte Especial, Tomo I, Artigos 131.º a 201.º*. Coimbra: Coimbra Editora.

Freeman, M. (2000). The End of the Century of the Child? *Current Legal Problems*, 53, 505-558.

Freeman, M. (1997). *The moral status of children. Essays on the Rights of the Child*. Boston: Martinus Nijhoff Publishers.

Goleman, D. (1995). *Inteligência Emocional* (tradução portuguesa). Lisboa: Círculo de Leitores.

Jardim, P. (2011). *O abuso sexual na criança, Contributo para a sua caracterização na perspetiva da intervenção médico-legal e forense* (tese de mestrado não publicada). Universidade do Porto: Porto.

Lopes, M. (2003). O interrogatório da vítima nos crimes sexuais: declarações para memória futura. *Sub Judice, 26*, 13-19.

Manita, C. (2003). Quando as portas do medo se abrem...Do impacto psicológico ao(s) testemunho(s) de crianças vítimas de abuso sexual. In *Cuidar da Justiça de Crianças e Jovens - A Função dos Juízes Sociais. Atas do Encontro*. (pp. 229-253). Coimbra: Almedina.

Parkinson, P. & Humphreys, C. (1998). Children who witness domestic violence – the implications for child protection. *Child and Family Law Quarterly, 10*(2), 147-159.

Ribeiro, C. (2009). *A Criança na Justiça, Trajetórias e Significados do processo Judicial de Crianças Vítimas de Abuso Sexual Intrafamiliar*. Coimbra: Almedina.

Ribeiro, C. & Manita, C. (2007). Crianças vítimas de abuso sexual intrafamiliar: significados do envolvimento no Processo judicial e do papel dos magistrados. *Revista do Ministério Público, 110*, 47-86.

Russell, D. H. E. & Purcell, N. J. (2011). *Exposure to Pornography as a Cause of Child Sexual Victimization*. Retrieved from http://www.dianarussell.com/exposure_to_porn_cause_child_sexual_victimization.html

Sani, A. (2002). *As Crianças e a violência: narrativas de crianças vítimas e testemunhas de crimes*. Coimbra: Quarteto.

Sani, A. (2006). Vitimação indireta de crianças em contexto familiar. *Análise Social*, XLI(180), 849-864.

Sistema de Segurança Interna (2010). *Relatório Anual de Segurança Interna*. Retrieved from http://www.parlamento.pt/Documents/XIILEG/RASI_%202010.pdf

Somers, P. & Vandermeersch, D. (1998). O registo das audições dos menores vítimas de abusos sexuais: primeiros indicadores de avaliação da experiência de Bruxelas. *Infância e Juventude, 1*, 97-133.

Sottomayor, M. C. (2003). O poder paternal como cuidado parental e os direitos da criança. In *Cuidar da Justiça de Crianças e Jovens - A Função dos Juízes Sociais. Atas do Encontro.* (pp. 9-63). Coimbra: Almedina.

Wallerstein, J., Lewis, J. & Blakelee, S. (2002). The Unexpected Legacy of Divorce. A 25 year Landmark Study. London: Sheena Dewan.

West, R. (1997). *Caring for Justice*. New York: New York University Press.

A Terapia Cognitivo-Comportamental Focada no Trauma: Um modelo exemplificativo da intervenção cognitivo-comportamental com crianças e adolescentes expostos a experiências traumáticas

Liliana Meira
Instituto Superior da Maia, Portugal

Resumo

Este capítulo tem por objetivo exemplificar a aplicação dos modelos cognitivo-comportamentais à intervenção com crianças e adolescentes vítimas de exposição a experiências traumáticas, recorrendo a um modelo de intervenção clínica empiricamente validado: a Terapia Cognitivo-Comportamental Focada no Trauma (TCC-FT; Cohen, Mannarino, & Deblinger, 2006).

As abordagens cognitivo-comportamentais estão empiricamente validadas para a intervenção em diferentes problemáticas resultantes de experiências de mau trato físico e psicológico, negligência e de abuso, existindo diversos modelos e protocolos de intervenção orientados para as características clínicas específicas da sintomatologia psicopatológica passível daqui emergir. Este capítulo foca-se, especificamente, nas consequências psicopatológicas traumáticas resultantes da exposição a episódios problemáticos na infância e na adolescência (e.g., abuso sexual, agressão, exposição a violência doméstica, perda traumática). Foca-se, mais concretamente, na intervenção clínica com crianças e adolescentes vítimas de experiências de onde resulta trauma, cuja sintomatologia tende a ser predominantemente internalizadora, reunindo sintomas característicos da perturbação de stresse pós-traumático, de depressão e de ansiedade, salvaguardando a especificidade da população-alvo e os critérios de fidelidade da TCC-FT.

Introdução
Os modelos cognitivo-comportamentais subjazem a conceptualização de diferentes tipos de perturbações psicopatológicas na infância, na adolescência e na idade adulta, estando a sua eficácia terapêutica amplamente demonstrada. Como exemplo da aplicação dos modelos cognitivo-comportamentais à intervenção com crianças e adolescentes vítimas de exposição a experiências traumáticas, este capítulo apresenta a Terapia Cognitivo-Comportamental Focada no Trauma (TCC-FT; Cohen, Mannarino, & Deblinger, 2006).

A TCC-FT é um modelo de intervenção cognitivo-comportamental com crianças e adolescentes vítimas de experiências traumáticas, que tem vindo a reunir um vasto leque de evidências empíricas de eficácia. Originalmente orientado para a intervenção específica com crianças e adolescentes vítimas de abuso sexual, o modelo de TCC-FT está hoje validado para a intervenção em sintomatologia traumática resultante de vários tipos de experiências problemáticas, relacionadas com crime (e.g., abuso sexual, mau trato físico, exposição direta e indireta a violência doméstica, escolar e comunitária), ou não (e.g., catástrofes naturais, perda súbita de um outro significativo, acidente de viação grave). A administração do modelo TCC-FT deve, contudo, salvaguardar as características clínicas específicas de cada caso e do tipo de experiência traumática. A fundamentação teórica cognitivo-comportamental de base, bem como a eficácia demonstrada nos últimos vinte anos, justificam a eleição do modelo de TCC-FT como exemplo de intervenção cognitivo-comportamental com crianças e adolescentes vítimas de experiências de onde resultam sintomas de trauma.

O capítulo está dividido em duas partes. A primeira parte apresenta o enquadramento teórico e integra uma breve revisão dos princípios teóricos definidores dos modelos cognitivo-comportamentais e respetivas implicações terapêuticas; uma caracterização geral da adaptação desenvolvimental da intervenção cognitivo-comportamental com crianças e adolescentes; e, de modo mais detalhado, a definição e a conceptualização cognitivo-comportamental do trauma tal como é definido pela TCC-FT, enfatizando o modo como este modelo operacionaliza e integra as especificidades da intervenção cognitivo-comportamental na infância e na adolescência. A segunda parte do capítulo começa por caracterizar o protocolo de TCC-FT quanto à sua estrutura e organização, prossegue com a apresentação dos objetivos e das estratégias e técnicas terapêuticas, bem como as especificidades de cada componente do protocolo representadas no acrónimo PRACTICE. O capítulo termina com uma conclusão onde se reflete sobre as potencialidades e as limitações do modelo de TCC-FT, bem como sobre alguns aspetos fundamentais inerentes à intervenção clínica com esta população específica.

Enquadramento Teórico
Os modelos cognitivos-comportamentais servem de enquadramento teórico a um leque diversificado de intervenções psicológicas orientadas para o desenvolvimento de competências de gestão e resolução de problemas, e de formas mais adaptativas de interpretação da experiência de vida (cf. Beck, Rush, Shaw, & Emery, 1979; Dobson & Dozois, 2010). As abordagens cognitivo-comportamentais começaram por se desenvolver a partir da intervenção clínica com adultos, reunindo hoje evidências empíricas de eficácia de intervenção em várias perturbações psicológicas. Nos últimos trinta anos tem-se verificado a adaptação desenvolvimental e expansão destes modelos à intervenção em diferentes tipos de perturbações psicológicas na infância e na adolescência (e.g., perturbações do humor, perturbações de ansiedade, perturbações do comportamento, entre outras) (cf. Carr, 2006; Kendall, 2012; Weisz & Kazdin, 2010; Wolfe & Mash, 2006), com eficácia igualmente demonstrada. As intervenções cognitivo-comportamentais com crianças vítimas de mau trato físico e psicológico (e.g., Kolko, 1996; Kolko & Swenson, 2002), de negligência (e.g., Macdonald, 2001) e, especificamente, de experiências traumáticas (e.g., Burns, Kolko, Putnam, & Amaya-Jackson, 2008; Carr, 2006; Cohen et al., 2006, 2010; Deblinger, Mannarino, Cohen, Runyon, & Steer, 2011), têm vindo a reunir também evidências empíricas de eficácia. A TCC-FT (Cohen et al., 2006), o modelo de intervenção descrito ao longo deste capítulo, é apenas um exemplo dos modelos de intervenção clínica cognitivo-compor-

tamentais empiricamente validados, neste caso, especificamente dirigido a crianças com sintomatologia traumática resultante da exposição a acontecimentos de vida perturbadores.

Intervenção cognitivo-comportamental com crianças e adolescentes
O pressuposto transversal às abordagens cognitivo-comportamentais remete para o papel mediador da cognição no funcionamento e adaptação da pessoa (Beck et al., 1979; Dobson & Dozois, 2010). As emoções e as respostas fisiológicas são parte integrante desta equação, pelo que o papel mediador atribuído aos processos cognitivos não descura da relação interdependente entre pensamentos, afetos, comportamentos e reações fisiológicas na experiência. Tendo em consideração o papel mediador da cognição na experiência humana, a perturbação psicológica é conceptualizada como produto da aprendizagem de significados e de crenças ao longo da vida que mais tarde, e em circunstâncias específicas, se revelam inadequadas, disfuncionais e irrealistas, de onde podem resultar sentimentos, comportamentos, pensamentos e respostas fisiológicas perturbadores e, em situações mais graves, sintomatologia psicopatológica. O principal objetivo terapêutico da intervenção cognitivo-comportamental é ajudar a pessoa a construir significados alternativos, mais adaptativos e realistas em relação à experiência de vida atual. Tendo este objetivo como orientação, o terapeuta recorre a um conjunto de estratégias e técnicas de intervenção fundamentadas nos pressupostos dos modelos comportamentais e cognitivos. Estes princípios definidores da intervenção psicológica cognitivo-comportamental advêm, sobretudo, dos contributos das teorias da aprendizagem por condicionamento clássico, das teorias da aprendizagem por condicionamento operante, das teorias da aprendizagem social, bem como dos modelos de terapia cognitiva, de resolução de problemas e de treino do autocontrolo (cf., Kendall, 2012; Stallard, 2002, 2005; Crawley, Podell, Beidas, Braswell, & Kendall, 2010).

A avaliação psicológica, formulação clínica e definição do plano de intervenção de diferentes perturbações psicológicas na infância e na adolescência exigem, antes de mais, a adaptação desenvolvimental da formulação clínica e das estratégias e técnicas terapêuticas dos modelos cognitivo-comportamentais (cf. Crawley et al., 2010). A intervenção cognitivo-comportamental com crianças exige, nomeadamente: (i) a adaptação da intervenção ao nível de desenvolvimento cognitivo, afetivo e social de cada criança; (ii) a integração da família (i.e., pais ou prestadores de cuidados primários) no processo de intervenção, bem como de outros agentes dos contextos relevantes na vida da criança (e.g., escola/professores; treinadores); (iii) uma relação terapêutica segura, empática e de confiança com a criança e restantes agentes dos contextos intervenientes no processo terapêutico; e (iv) a consideração da origem da queixa ou fonte de encaminhamento da criança para a consulta de psicologia.

No que respeita à adaptação das estratégias de avaliação e de intervenção cognitivo- comportamentais ao nível de desenvolvimento cognitivo, afetivo e social da criança, é fundamental salvaguardar que os objetivos terapêuticos e as estratégias e técnicas de intervenção são compreensíveis e operacionalizáveis por crianças com diferentes níveis de desenvolvimento psicossocial. O recurso a um discurso claro e inteligível, culturalmente enquadrado, e a adoção de atividades lúdicas que promovam, direta ou indiretamente, a partilha de experiências e a implementação de estratégias comportamentais e cognitivas (e.g., jogos, artes plásticas, histórias, escrita, *role-play*), tendem a ser os veículos primordiais da salvaguarda desta adaptação (ver Stallard, 2002, Crawley et al., 2010). O objetivo é promover: (i) a relação terapêutica; (ii) a expressão e a observação direta das expectativas, crenças, afetos e comportamentos; e (iii) a instrução (psicoeducação), o treino e a supervisão da construção de pensamento mais funcionais (Crawley et al., 2010), além da aprendizagem de comportamentos e competências de expressão e de regulação emocional mais adaptativos (ver Kendall, 2012). À medida que o adolescente se aproxima da idade adulta, as estratégias cognitivo-comportamentais assumem um formato próximo, senão o mesmo, da intervenção com adultos.

A inclusão da família e de outros agentes de contextos de vida intervenientes na atual problemática apresentada pela criança no processo de intervenção psicológica é outro aspeto central definidor dos modelos cognitivo-comportamentais aplicados à intervenção nas perturbações da infância e adolescência (Crawley et al, 2010; Wolfe & Mash, 2006). Os pais, por exemplo, podem assumir vários papéis ao longo do processo de intervenção psicológica dos seus filhos, nomeadamente: o papel de *consultores*, quando servem de informadores sobre o comportamento dos filhos; o papel de *colaboradores*, quando apoiam os filhos na implementação das estratégias de intervenção propostas; e o papel de *clientes*, quando a sua relação com os filhos está na origem, precipitação e/ou manutenção das dificuldades atuais do mesmo (Kendall, 2012). Globalmente, quanto mais nova é a criança, maiores serão os benefícios da intervenção com os pais e restantes agentes dos contextos de vida intervenientes na problemática. O terapeuta é o responsável por avaliar e definir o papel de outros significativos da criança na intervenção, devendo ter em consideração as características e problemáticas apresentadas pelos mesmos, as especificidades e disponibilidade dos pais (e restantes agentes) e os objetivos terapêuticos.

O papel do terapeuta, a relação terapêutica e as expectativas do terapeuta em relação aos resultados do processo terapêutico são outro aspeto fundamental a ter em consideração na intervenção cognitivo-comportamental com crianças. Além de avaliar e diagnosticar o problema, o terapeuta é responsável por informar os pais dos benefícios da intervenção, objetivos, procedimentos, duração e frequência, assumindo o papel de um consultor. Uma vez definidas as áreas problemáticas merecedoras de atenção clínica e o plano de intervenção, o terapeuta deve devolver à criança e aos pais a sua formulação clínica da problemática, assumindo agora o papel de educador. Ao longo do processo terapêutico o terapeuta assume também o papel análogo ao de um treinador/supervisor da família e da criança (Kendall, 2012), conferindo à relação terapêutica uma dimensão transitória e definida no tempo (Crawley et al., 2010; Stallard, 2002, 2005). A gestão das expectativas da criança e dos pais exige ainda que o terapeuta tenha presente as suas próprias expectativas, que devem ser realistas, justas e adaptadas às circunstâncias.

Um último aspeto fundamental da intervenção cognitivo-comportamental com crianças e adolescentes remete para a fonte ou origem do pedido de consulta psicológica e do respetivo encaminhamento para avaliação e intervenção psicológica. O mais comum é serem os pais a solicitar e a acompanhar os filhos às consultas, no entanto, é frequente o encaminhamento ser feito pelo professor, por uma Comissão de Proteção de Crianças e Jovens ou por uma instituição de acolhimento de crianças e jovens. Em qualquer dos casos, a criança normalmente não participa da decisão de ir ao psicólogo partilhar e conversar sobre as suas dificuldades. Outras ainda podem sofrer de perturbações psicológicas que as levam a ter um *insight* reduzido sobre a problemática (e.g., hiperatividade e défice de atenção), além de dificuldades metacognitivas e de expressão verbal, que vão dificultar, nomeadamente, a comunicação com o terapeuta. Em qualquer das circunstâncias, salvaguardadas as devidas adaptações às características da criança e da fonte de encaminhamento, o terapeuta deve criar um contexto empático, seguro e não diretivo, facilitador da adesão e da construção de uma relação terapêutica de confiança (Crawley, 2010; Kendall, 2006; Wolfe, Rawana, & Chiodo, 2006).

O modelo de TCC-FT é um bom exemplo da adoção, quer dos princípios básicos cognitivo-comportamentais na conceptualização teórica e intervenção com crianças expostas as experiências de vida traumáticas, quer da conceptualização teórica e respetivas implicações terapêuticas às especificidades da intervenção clínica na infância e na adolescência. Neste sentido, a adaptação da TCC-FT ao nível de desenvolvimento psicossocial e às características específicas de cada criança, a integração da família no processo terapêutico, a ênfase no papel do terapeuta na relação terapêutica e a origem do encaminhamento dos casos, são aspetos centrais integrantes deste modelo de intervenção, especificamente, orientado para vítimas de experiências traumáticas.

O modelo de TCC-FT: Definição e conceptualização teórica do trauma
A TCC-FT define a experiência traumática como qualquer episódio negativo, único ou repetido, inesperado, que envolve choque, ameaça de vida ou à integridade física, sensações e sentimentos de tensão, horror e desesperança. Estas experiências podem estar relacionadas com crime (e.g., abuso sexual, mau trato físico, exposição a violência doméstica, escolar ou comunitária), ou com acontecimentos graves não necessariamente relacionados com crime (e.g., acidente de viação, perda de um outro significativo, diagnóstico de doença grave, catástrofes naturais) (Cohen et al., 2006). Da exposição a este tipo de experiências podem resultar sintomas de trauma, ou seja, sintomas clinicamente significativos de perturbação psicológica com predomínio de sintomatologia de stresse pós-traumático, mas também, de outros tipos de perturbação como a depressão, a ansiedade e problemas de comportamento (e.g., Burns et al, 2008). Importa, no entanto, salientar que parte significativa das crianças revela resiliência a estas experiências, não desenvolvendo dificuldades ou sintomatologia relacionadas com o trauma. Associada a uma maior ou menor probabilidade de resiliência estarão fatores como a idade e o nível de desenvolvimento psicossocial, os níveis de competências intrínsecas de resiliência, o suporte social e a existência de episódios prévios de

vitimização ou de outro tipo de perturbação psicológica (e.g., hiperatividade com défice de atenção). O terapeuta é o responsável pelo julgamento clínico e tomada de decisão da necessidade de intervenção, e do respetivo plano, com base na severidade da sintomatologia, das características específicas da experiência traumática e da existência ou não de comorbilidade com outras perturbações.

As características clínicas do trauma tendem a assumir uma dimensão predominantemente internalizadora, mesmo sendo frequente a emergência concomitante de comportamentos externalizadores. Os estudos de eficácia da TCC-FT revelam que este modelo de intervenção no trauma é particularmente eficaz e, neste sentido, mais adequado, para casos em que a criança manifesta sintomas predominantemente internalizadores (Cohen, Berliner, & Mannarino, 2003; Cohen et al., 2006, 2010; Wolfe, et al., 2006).

Os sintomas de trauma podem ser diversificados, manifestando-se ao nível: (i) emocional [e.g., medo, tristeza, raiva, desregulação emocional e oscilações do humor]; (ii) comportamental [e.g., evitamento de estímulos ativadores de memórias da experiência traumática, comportamentos desadaptativos (e.g., comportamentos sexualizados em vítimas de abuso sexual), dinâmicas relacionais disfuncionais, automutilação, consumo de substâncias, comportamento oposicional, agressivo e/ou antissocial]; (iii) cognitivo [e.g., crenças irracionais (e.g., "ele violou-me por causa da roupa que eu trazia vestida"; "eu devia ter avisado a mãe de que o pai estava aborrecido e teria evitado que ele lhe batesse"; "eu devia ter ido para a escola com a minha prima, assim estes rapazes não me teriam batido"), pensamentos e distorções relacionados com vergonha (e.g., "eu só posso ser uma pessoa má para isto me ter acontecido"; "vou ficar marcada para sempre, nunca mais vou ter um namorado") e sobregeneralização da falta de confiança nos outros (e.g., "não posso confiar em ninguém, qualquer pessoa me pode fazer mal")]; e (iv) psicobiológico [e.g., hipertensão arterial; hipervigilância, tensão muscular]. Manifestam-se ainda através de sintomas de stresse pós-traumático [e.g., pensamentos intrusivos e recorrentes sobre a experiência traumática, evitamento de situações ou estímulos que ativam memórias do trauma (e.g., locais, pessoas, cheiros, sons), embotamento afetivo e apatia, irritabilidade, perturbações do sono, dificuldades de concentração e hiperativação fisiológica e emocional] (e.g., Cohen et al., 2006, 2010; Deblinger et al., 2012). A idiossincrasia das características da criança, da sintomatologia e do tipo de experiência traumática devem estar salvaguardados na implementação do modelo de TCC-FT.

Conceptualização teórica do trauma na TCC-FT
O modelo de TCC-FT integra princípios teóricos dos modelos comportamentais (e.g., condicionamento clássico e operante), das teorias da aprendizagem social, dos modelos cognitivos (e.g., Beck et al., 1979), dos modelos cognitivos que enfatizam o processamento cognitivo emocional (e.g., Foa & Rothbaum, 1998) e dos modelos focados no treino de competências de *coping* e de resolução de problemas (e.g., Feather & Ronan, 2010; Macdonald, 2001). Contudo, é um modelo de intervenção no trauma considerado híbrido no sentido em que integra contributos de outros modelos para além dos cognitivo-comportamentais, nomeadamente, das teorias da vinculação, humanistas, psicodinâmicas e sistémicas, bem como contributos específicos da investigação em torno da psicofisiologia do trauma (Cohen et al., 2006).

Tendo por base os modelos comportamentais e, especificamente, as teorias da aprendizagem por condicionamento clássico e operante, a sintomatologia resultante da exposição a experiências traumáticas (e.g., reações de ansiedade e medo) pode emergir da associação de situações até então neutras e inócuas (e.g., balneários da escola) ao episódio traumático (e.g., agressão por pares), e respetiva experiência negativa (e.g., medo, terror, choque). A reação traumática pode posteriormente ser generalizada a situações ou estímulos relacionados com o episódio de origem (e.g., à escola). Com o intuito de minimizar e prevenir a reexperiência ou recordação da perturbação emocional e fisiológica associada ao trauma, a criança tende a evitar estas situações (e.g., não quer ir a escola), sendo o evitamento da exposição às situações associadas ao episódio traumático o principal fator de manutenção da reação traumática que, por reforço negativo, impede que ocorra o respetivo processo de extinção. No início, o evitamento de lembranças do trauma pode ser adaptativo (e.g., salvaguardar a segurança), contudo, a médio e a longo prazo, a manutenção do evitamento vai constranger e causar sofrimento significativo na vida da criança ao limitá-la na sua ação e socialização (e.g., rendimento académico, integração e socialização com o grupo de pares), comprometendo o seu desenvolvimento global (e.g., Cohen et al., 2010). As implicações terapêuticas que daqui decorrem consubstanciam-se, por exemplo, no recurso à exposição gradual a memórias da experiência traumática, com a salvaguarda da segurança e da prevenção do evitamento (e.g., treino de competências de confronto com reações associadas ao trauma), com o objetivo de quebrar a associação destas situações ao trauma, ou seja, de promover a extinção da reação traumática, não ao episódio em si (e.g., agressão), mas sim, às circunstâncias condicionadas pelo episódio (e.g., escola).

Tendo por base os contributos da intervenção com vítimas de trauma adultas (e.g., Foa & Rothbaum, 1998; Keane & Barlow, 2002), com o acréscimo da dimensão cognitiva à conceptualização do trauma, os sintomas associados a experiências traumáticas tenderão também emergir da construção de estruturas cognitivas que agregam significados desajustados à realidade, resultante de associações distorcidas da experiência de trauma a circunstâncias alheias a este evento. Estes significados tendem a ser inflexíveis, irrealistas, deturpados e negativos, resultando na criança em interpretações negativas sobre si própria, os outros, a realidade e a experiência de trauma em si. Perante estímulos ou situações associadas à experiência de trauma, estes significados podem ser ativados e provocar reações comportamentais, fisiológicas e emocionais desajustadas às circunstâncias atuais. As implicações terapêuticas desta formulação, para além da promoção da extinção das reações negativas a estímulos associados ao trauma através da exposição gradual, consubstanciam-se no recurso ao processamento aprofundado e elaborado dos significados sobre a experiência de trauma em si, promovendo a reestruturação de crenças e emoções negativas como o medo, a vergonha e a culpa, na TCC-FT designado de processamento cognitivo (e.g., Cohen et al., 2006, 2010; Deblinger et al., 2012).

Os modelos de resolução de problemas e de desenvolvimento de competências de confronto e de gestão das reações ativadas pela recordação de memórias do trauma também contribuem para o processo terapêutico com o objetivo de promover o desenvolvimento do sentido de segurança, de mestria e de eficácia da criança. Estas competências de confronto (e.g., relaxamento e regulação emocional) diminuem a probabilidade de evitamento dos estímulos ativadores de memórias do trauma, facilitando a exposição gradual aos mesmos, a salvaguarda da segurança da criança, e o subsequente processamento cognitivo do trauma (Cohen et al., 2010).

Tratando-se de um modelo de intervenção cognitivo-comportamental na infância e na adolescência, e com influências de outros modelos teóricos, nomeadamente, sistémicos e relacionais, a TCC-TF enfatiza a inclusão dos pais (i.e., prestadores de cuidados primários, não agressores) no processo terapêutico, nomeadamente, através de sessões individuais paralelas com a criança e com os pais e de sessões conjuntas. Na base do papel fulcral atribuído à intervenção com a família está a constatação do impacto que as experiências traumáticas têm na criança, mas também na família, que direta ou indiretamente é afetada pela experiência dos filhos, podendo os próprios pais serem vítimas da experiência traumática (e.g., a mãe, não agressora, da criança vítima de exposição a violência doméstica, pode ela própria ser vítima de violência doméstica pelo marido). A família tende a ser o contexto mais próximo da criança, o que confere aos pais um papel importante no modo como os filhos dão sentido e recuperam de experiências traumáticas. A inclusão dos pais no processo terapêutico oferece aos mesmos a oportunidade de adquirem competências de gestão da sua experiência com o trauma dos filhos, além de apoiarem implementação destas competências pelos próprios filhos, existindo evidências empíricas da eficácia da inclusão dos pais na intervenção com crianças vítimas de experiências traumáticas (Deblinger, Lippman, & Steer, 1996; King, Tonge, Mullen, Myerson, Heyne, Rollings, et al., 2000). Importa, contudo, salientar que o processo terapêutico é orientado para a criança, pelo que nos casos em que os pais apresentam eles próprios perturbação psicológica grave deve proceder-se ao respetivo encaminhamento para acompanhamento psicológico individual. Um outro aspeto importante a trabalhar com os pais, além da sua inclusão específica no processo terapêutico, é a facilitação do acesso a recursos da comunidade e serviços de apoio onde podem, nos casos em que se justifique e assim o exijam, obter informação sobre procedimentos legais, jurídicos e logísticos importantes como veículos de auxílio à gestão e resolução das consequências associadas à experiência traumática dos filhos (e.g., consultadoria jurídica e serviços de apoio social e comunitário) (e.g., Cohen et al., 2006). Salvo exceções impeditivas (e.g., pais agressores ou indisponíveis), a intervenção com a criança deve incluir os pais ou prestadores de cuidados primários, bem como a escola, instituições de acolhimento, equipas de acompanhamento e supervisão em ambulatório de famílias em risco, e/ou outros significativos na vida da criança (e.g., Burns et al., 2008; Carr, 2006; Cohen et al., 2006, 2010; Macdonald, 2001).

O papel do terapeuta e da relação terapêutica é outra dimensão fundamental do modelo TCC-FT. O terapeuta deve ser atencioso, empático, criativo, flexível, apoiante e genuinamente interessado e comprometido com as necessidades, preocupações e dificuldades da criança e dos pais. O objetivo é que a criança vítima de experiências traumáticas, e os seus pais, acedam à oportunidade de restabelecer a confiança nos outros, servindo o terapeuta de modelo e promotor desta experiência relacional reparadora da confiança dos mesmos (Cohen et al., 2006). O terapeuta deve, além de ter formação especializada e experiência supervisionada com casos clínicos de crianças com sintomatologia com características traumáticas, ser capaz de julgamento clínico de cada caso e das suas opções ao longo do processo terapêutico, assegurando a adaptação da sua formulação clínica e plano de intervenção às características específicas de cada criança e respetiva família, bem como às características específicas do tipo de experiência traumática.

Protocolo de intervenção do modelo de TCC-FT
A TCC-FT é um modelo de intervenção empiricamente validado com crianças com sintomatologia clínica associada a trauma resultante da exposição a vários tipos de experiências perturbadoras relacionadas ou não com crime (Cohen et al., 2003, 2006; Cohen, Mannarino, & Knudsen, 2005; Deblinger, Stauffer, & Steer, 2001; Deblinger et al., 2012). Os primeiros manuais publicados focam-se na intervenção com crianças vítimas de abuso sexual e foram pioneiros no recurso à exposição gradual a memórias do trauma como estratégia terapêutica, além da inclusão dos pais no processo de intervenção dos filhos (e.g., Deblinger & Heflin, 1996). O protocolo atual resulta da integração destes manuais, devendo a sua administração ser adaptada, como foi já referido, às características específicas da experiência traumática, da sintomatologia e das características individuais da criança e da família (Cohen et al., 2006).

O modelo de TCC-FT assenta em seis valores básicos orientadores: (i) a inclusão de várias componentes de intervenção sequenciais, orientadas para diferentes objetivos terapêuticos associados ao treino de competências centrais, adaptáveis às características específicas de cada caso; (ii) o respeito e a adaptação do modelo aos valores socioculturais da criança e família; (iii) a adaptabilidade e a flexibilidade do tempo dedicado a cada componente do protocolo e da respetiva ordem de administração às especificidades de cada caso; (iv) a inclusão da família no processo terapêutico (i.e., pais não agressores); (v) a ênfase no papel fundamental do terapeuta e da relação terapêutica como forma de restabelecer a confiança, o otimismo e o sentido de eficácia da criança e dos pais; e (vi) o foco na promoção e desenvolvimento do sentido de eficácia e de mestria na gestão futura de dificuldades associadas à experiência traumática.

Objetivos terapêuticos gerais da TCC-FT
Os objetivos terapêuticos gerais da TCC-FT são: (i) diminuir as reações emocionais, fisiológicas e comportamentais disfuncionais da criança à experiência de trauma através do desenvolvimento de competências de gestão e de autocontrolo destas reações, bem como de regulação emocional e comportamental; (ii) reestruturar crenças e atribuições desajustadas relacionadas com o trauma; (iii) desenvolver competências de confronto e de gestão da reação a estímulos e memórias relacionadas com o trauma, e de prevenção do evitamento traumático; (iv) apoiar e dotar os pais e a família de competências de gestão e de interação eficaz e responsiva às necessidades dos filhos, e às dificuldades dos próprios; e (v) aumentar o sentido de segurança da criança e restabelecer a sua trajetória de desenvolvimento (Cohen et al., 2006, Deblinger et al., 2012). Espera-se, globalmente, que a médio e a longo prazo a criança e a família retomem uma trajetória de desenvolvimento satisfatória.

Estrutura e organização do protocolo de TCC-FT: As componentes PRACTICE
A TCC-FT é um tipo de intervenção breve de 12 a 18 sessões semanais, de 60 a 90 minutos cada, dependendo das necessidades de intervenção de cada caso. As sessões são individuais e/ou conjuntas com a criança e os pais. As sessões individuais são planeadas com o intuito de promover a relação terapêutica e um contexto seguro de partilha, essenciais à implementação das componentes de intervenção protocoladas. As sessões conjuntas procuram ajudar os pais e a criança a implementar e praticar as competências trabalhadas nas sessões individuais e promover competências de comunicação entre si, nomeadamente, sobre aspetos relacionados com a experiência de trauma. Na eventualidade de os pais não estarem disponíveis (e.g., pais agressores), a criança pode ser o único alvo da intervenção (e.g., Cohen et al., 2006, 2010). O terapeuta deve ser flexível na gestão das sessões individuais ou conjuntas

com os pais e a criança, ajustando a sequência em função dos conteúdos que vão surgindo nas sessões. Os pais são informados pelo terapeuta dos conteúdos trabalhados com os filhos em cada sessão, e preparados no sentido de colaborarem e reforçarem estes conteúdos nos intervalos entre sessões, sendo-lhes atribuído um papel ativo no processo desde a primeira sessão. As crianças institucionalizadas, que vivem com famílias de acolhimento ou integradas noutros programas de proteção, podem igualmente beneficiar da TCC-FT desde que salvaguardadas as devidas adaptações aos seus contextos de vida específicos (e.g., definição e participação dos prestadores de cuidados primários) (Cohen et al., 2006).

O protocolo de TCC-FT é constituído por oito componentes sequenciadas representadas no acrónimo *PRACTICE*: P de Psicoeducação e Treino de Competências Parentais; R de Relaxamento; A de Modulação Afetiva; C de Processamento e *Coping* Cognitivo; T de Narrativa do Trauma e Processamento Cognitivo II; I de Gestão ao vivo (*In vivo*) de estímulos ativadores de memórias do trauma; C de Sessões Conjuntas Pais - Filhos; e E de Consolidação da segurança e do desenvolvimento futuros (Cohen et al., 2006, 2010). O plano da TCC-FT segue a sequência das oito componentes PRACTICE, sendo as componentes PRAC orientadas para o treino de competências preparatórias das componentes TICE, mais orientadas para a exposição a memórias da experiência traumática. O modelo de intervenção é progressivo e cumulativo, sendo que cada componente se desenvolve a partir das competências adquiridas nas componentes anteriores (Cohen et al., 2006, 2010; Deblinger, 2012).

A ordem de administração das componentes PRACTICE tem sido globalmente respeitada nos estudos de eficácia, pelo que define os pressupostos de fidelidade do modelo. Neste sentido, é fundamental: (i) que sejam administradas todas as componentes, salvo se se verifique algum impedimento que justifique a exclusão de alguma (e.g., se os pais não estiverem disponíveis a participar na terapia não é possível implementar a componente de treino parental); (ii) que a administração das componentes seja sequenciada, salvo justificação clínica que exija a administração paralela ou antecipada de outras componentes; (iii) que a transição de uma componente para a seguinte seja baseada em critérios clínicos (e.g., pode ser necessário dedicar mais sessões a qualquer uma das componentes, mesmo que isso implique prolongar a duração da intervenção para além das 18 sessões); e (iv) que a exposição gradual seja incluída em todas as componentes, promovendo o aumento gradual da intensidade e duração dos estímulos e memórias do trauma à medida que vai sendo introduzida na sequência de componentes (cf. Cohen et al., 2006). A ordem das componentes segue uma sequência lógica de desenvolvimento de competências essenciais para a administração das componentes seguintes, contudo, e respeitando o princípio da adaptabilidade e flexibilidade do modelo da TCC-FT, sempre que do ponto de vista clínico se justifique, as componentes anteriores devem ser revistas e consolidadas com a criança e com os pais.

Psicoeducação e treino parental
A primeira componente da TCC-FT envolve a psicoeducação e o treino de competência parentais (*Psychoeducation and Parenting skills*). Os objetivos gerais são ajudar os pais e a criança a normalizarem a experiência traumática e a atribuírem-lhe um sentido adaptado, bem como fornecer aos pais competências de gestão de comportamentos desajustados que os filhos possam manifestar (e.g., comportamentos de oposição, agressividade, comportamentos sexualizados em vítimas de abuso sexual).

A psicoeducação nesta componente envolve vários passos, nomeadamente: (i) fornecer informação geral à criança e aos pais sobre a experiência traumática em causa (e.g., frequência deste tipo de experiências na infância e na adolescência, fatores de risco associados), com o objetivo de esclarecer dúvidas e desconstruir crenças irracionais em torno do trauma (e.g., perceberem que não são as únicas vítimas deste tipo de experiências); (ii) fornecer informação sobre as reações e dificuldades tipicamente resultantes da exposição ao tipo de experiência traumática em causa. O terapeuta deve partilhar com a criança e com os pais informação científica sobre este tipo de experiências e reações comuns das crianças e suas famílias (e.g., textos, artigos científicos, testemunhos escritos de outros casos atendidos pelo terapeuta). O objetivo é que a criança e os pais validem e aceitem as suas recções afetivas e comportamentais, demonstrando-lhes que as suas reações não são anormais, nem excecionais considerando o tipo de experiência de que foram vítimas; e (iii) fornecer informação específica sobre as características clínicas do diagnóstico da criança, à própria e aos pais, recorrendo a uma terminologia clara, simples e compreensível. É também importante informar e explicar o tipo de intervenção proposto, referindo, por exemplo, que o modelo de TCC-FT está empiricamente validado para este tipo de dificuldades, e que tem eficácia demonstrada para a maioria significativa dos casos, até com crianças com sintomatologia mais severa. O objetivo é criar expectativas positivas e confiança no processo terapêutico, esperando deste modo aumentar a adesão de pais e filhos ao processo terapêutico. A psicoeducação é uma estratégia fundamental do modelo de TCC-FT, devendo ser feita ao longo de todo o protocolo, sempre que for necessária com a criança e com os pais, nas sessões individuais e nas conjuntas.

O treino de competências parentais foca-se na promoção de competências de exercício de uma parentalidade positiva, com o objetivo de dotar os pais de um conjunto de competências que lhes permitam lidar de modo ajustado com a sintomatologia dos filhos relacionada com a experiência traumática, promovendo a atenuação e eliminação da mesma a médio e a longo prazo (e.g., comportamentos oposicionais, comportamentos sexualizados, insónia). O impacto da experiência traumática dos filhos ressente-se, normalmente, nas dinâmicas relacionais, na consistência das regras e nas rotinas da família. A desorganização familiar resultante deste impacto pode ser uma variável comprometedora da administração do protocolo e consequente evolução do processo terapêutico. Com o objetivo de promover a retoma das práticas parentais anteriores ou a aquisição de novas competências de gestão parental, o terapeuta recorre à psicoeducação para promover nos pais o uso, por exemplo, do elogio dos comportamentos positivos e da atenção seletiva, do custo de resposta ou *time out* na gestão de comportamentos negativos e da moldagem através da implementação de sistemas de reforços. A psicoeducação acompanha o processo de treino parental, que para além de ser essencial para a gestão de comportamentos desajustados, pode ser útil para crianças que não têm problemas de comportamento, mas que beneficiam igualmente da melhoria da qualidade da relação com os pais (e.g., aumento do elogio). Estas estratégias introduzidas logo no início do processo permitem ainda ao terapeuta demonstrar a sua empatia com as dificuldades dos pais, mobilizando-se desde logo para os apoiar. Por último, o aumento das competências de gestão parental, e respetivos resultados, funcionam como evidências do potencial de eficácia da intervenção, motivando a adesão ao processo terapêutico.

Relaxamento

O objetivo da componente de treino de competências de relaxamento (*Relaxation*) é ajudar a criança a atenuar e a controlar as manifestações fisiológicas de ansiedade e de stresse traumático característicos da sintomatologia de trauma (e.g., aceleração cardíaca e respiratória, hiperativação fisiológica, agitação psicomotora, perturbação do sono, raiva e irritabilidade). Estas reações tendem a ser ativadas por memórias do trauma e é frequente serem ativadas durante as componentes da TCC-FT onde a exposição gradual (por imaginação ou ao vivo) a estímulos ativadores de memórias da experiência traumática é mais utilizada (e.g., construção da narrativa do trauma, exposição ao vivo a estímulos associados ao trauma). Neste sentido, as competências de relaxamento da criança devem estar consolidadas antes das componentes de exposição gradual mais diretiva.

O terapeuta deve começar por recorrer à psicoeducação, ajudando a criança a perceber a diferença entre reações fisiológicas normais e perturbadoras, seguindo-se as estratégias e técnicas cognitivo-comportamentais características deste tipo de treino de competências com crianças (e.g., Cohen et al., 2006; Stallard, 2002, 2005). As estratégias de relaxamento incluem: a respiração diafragmática; o foco na respiração (estratégias de *mindfulness*, yoga e meditação); e/ou o relaxamento muscular progressivo. A criança define um plano de relaxamento a realizar em diferentes contextos (e.g., em casa no quarto), a ser praticado nos intervalos das sessões. As sessões terapêuticas servem para ajustar o plano à medida que a criança vai sendo capaz de relaxar e gerir a sua resposta fisiológica em diferentes contextos, nomeadamente, a memórias do trauma.

Os pais nesta componente colaboram e supervisionam a implementação do plano de relaxamento da criança nos intervalos das sessões, podendo participar na definição do plano e usar as estratégias de relaxamento para gestão das suas próprias reações fisiológicas e emocionais (Cohen et al., 2006).

Modulação afetiva

A componente de treino de competências de regulação emocional (*Affective modulation*) do modelo de TCC-FT é dirigida às dificuldades da criança em identificar, expressar e regular os seus afetos dado o sofrimento associado a sentimentos específicos. À desregulação emocional tendem a estar associadas crenças irracionais em torno da expressão de sentimentos (e.g., crenças de que os sentimentos não são controláveis e que podem causar danos irreversíveis). O objetivo geral do treino de competências de identificação, de expressão e de regulação emocional é ajudar a criança e os pais a sentirem-se seguros na identificação, discriminação e expressão de emoções ao longo do processo terapêutico.

O terapeuta recorre, com a criança, a jogos, fotografias, desenhos, ao *role--play* e a outras atividades lúdicas de modo a facilitar a identificação, discriminação e expressão de diferentes emoções. Na fase inicial do processo é aconselhável recorrer-se a sentimentos e emoções associadas a situações inócuas e não associadas ao trauma, a não ser que a própria criança o faça espontaneamente. Deve estar assegurado um contexto terapêutico de confiança e empático, não diretivo, facilitador da expressão emocional.

Nas sessões individuais com os pais, estes são incentivados a expressarem os seus sentimentos em torno da experiência de trauma da criança (e.g., preocupação, ansiedade, desesperança, culpa, vergonha e discriminação social), explorando e definindo estratégias personalizadas de gestão das suas emoções na relação com a mesma. Além da aquisição de competências de regulação emocional, os pais aprendem a estimular e a gerir a expressão de afetos da criança, bem como a compreender, aceitar e encorajar a expressão de diferentes emoções. Quando os pais não são capazes de aceitar e tolerar a expressão afetiva da criança, são treinadas competências de regulação emocional para os ajudar a regular as reações da mesma. O treino é complementado com o incentivo da família ao envolvimento em atividades prazerosas (e.g., atividades de lazer em família aos fins de semana). O objetivo é que os sentimentos dos pais sejam validados e aceites de modo a motivar a aprendizagem e adoção de estratégias de expressão e regulação emocional funcionais, nomeadamente, na presença da criança, servindo ainda de modelos de regulação emocional para a mesma.

Uma vez iniciada a expressão de sentimentos pela criança, são introduzidas estratégias de regulação emocional com o objetivo de a ajudar a gerir emoções perturbadoras. Entre estas estratégias destacam-se: (i) a paragem de pensamento e o recurso à imaginação positiva (e.g., gestão de pensamentos intrusivos e controlo emocional); (ii) o recurso a autoinstruções positivas (e.g., "a dor não nos prejudica"); (iii) o treino de competências de segurança (e.g., mobilização de fontes de suporte social e afetivo); (iv) o treino de competências de resolução de problemas; (v) o treino de competências sociais (e.g., escuta ativa, assertividade); e (vi) a operacionalização da gestão de estados afetivos perturbadores através da adoção das estratégias de regulação emocional aprendidas (e.g., paragem de pensamento, imaginação positiva, relaxamento). O treino e implementação destas estratégias são supervisionados pelos pais nos intervalos das sessões, mediante as orientações do terapeuta, e com pais são treinadas as mesmas competências de regulação emocional (Cohen et al. 2006).

Processamento e Coping Cognitivo
O conceito de *coping* cognitivo no modelo de TCC-FT corresponde a um conjunto de estratégias que o terapeuta adota no sentido de motivar a criança e os pais a explorarem os seus pensamentos, com o objetivo posterior de promover o respetivo processamento ou reestruturação cognitivos quando estes se revelam irrealistas e distorcidos da realidade.

O objetivo desta componente (*Cognitive coping and processing*), nesta fase do protocolo de TCC-FT, é ajudar a criança e os pais a tomarem consciência dos seus pensamentos e como estes influenciam as suas emoções, comportamentos e reações fisiológicas (e.g., recorrendo à escrita, ao autorregisto). Ambos são motivados pelo terapeuta a partilharem consigo os seus diálogos internos e interpretações, inicialmente em torno de situações e de temas não diretamente relacionados com o trauma e, neste sentido, inócuos (e.g., o que significa ter uma nota boa ou uma nota má a uma disciplina; a diferença entre pensar que se tem um emprego seguro e que se tem um emprego temporário). À medida que se vão sentindo mais capazes e confortáveis na partilha de pensamentos, mais preparados ficam para partilharem, explorarem e testarem pensamentos negativos associados à experiência traumática. A exposição a estes pensamentos é exacerbada com a criança na construção na componente seguinte de construção da narrativa do trauma e na posterior partilha da mesma com os pais.

A componente de processamento e *coping* cognitivo tende a seguir três passos, auxiliados nos intervalos das sessões pelo autorregisto de pensamentos. O primeiro passo consiste na identificação e partilha de pensamentos e de diálogos internos com a criança, recorrendo a situações e episódios quotidianos inócuos, não relacionados com o trauma. O segundo passo consiste na psicoeducação sobre a relação interdependente entre pensamentos, sentimentos e comportamentos, assumindo o pensamento um papel dominante sobre as restantes dimensões (exemplificar com as situações anteriormente nomeadas), e devendo ser dada particular atenção à distinção entre pensamento e sentimento. O terceiro passo consiste no treino da capacidade de distinguir pensamentos irrealistas e distorcidos de pensamentos realistas, corretos e adequados à realidade (e.g., pensar que uma dor súbita de estômago pode dever-se a uma doença grave gera ansiedade e medo; pensar que a mesma dor se deve a dificuldades de digestão dos alimentos ingeridos ao almoço gera apenas alguma apreensão). O quarto passo corresponde à psicoeducação sobre a relação mediadora da cognição com as emoções e comportamentos e ao treino de competências de identificação de pensamentos com os pais, e de avaliação dos custos e benefícios destas interpretações por comparação com alternativas mais realistas (e.g., "Quais as vantagens de associar uma dor súbita de estômago a uma doença grave, não tendo qualquer evidência factual que valide este pensamento, em comparação com a atribuição das causas da dor a uma indigestão?").

O processamento ou reestruturação cognitiva de pensamentos disfuncionais, nomeadamente, associados à experiência traumática, com a criança e com os pais, é um objetivo terapêutico que continua a ser operacionalizado nas próximas componentes.

Narrativa do trauma e Processamento Cognitivo II
Nesta componente (*Trauma narrative and Cognitive Processing II*) o objetivo terapêutico geral é que a criança, através da construção da narrativa do trauma, se exponha gradualmente, e de modo cada vez mais aproximado, a estímulos ativadores de memórias da experiência de trauma (i.e., via imagética), promovendo a extinção da resposta à mesma e a identificação e processamento cognitivo dos pensamentos e crenças associados, substituindo-os por formas de significação mais adaptativas e realistas. Deste modo, a construção e escrita de uma narrativa pormenorizada do trauma, bem como a sua leitura recorrente, deverá facilitar a extinção da reação da criança associada a estímulos condicionados pela experiência traumática, e a identificação de pensamentos

e estímulos ativadores de memórias de trauma inerentes a emoções negativas como o terror, a vergonha, a desesperança e a raiva.

O terapeuta começa por recorrer à psicoeducação no sentido de explicar à criança os objetivos desta fase da intervenção e as atividades que envolve. A linguagem que usa deve ser clara e a terminologia compreensível e adaptada ao nível de desenvolvimento psicossocial da mesma [e.g., "falar de coisas negativas e que nos chateiam sobre o acontecimento traumático (nomear o acontecimento em causa) pouco a pouco, devagarinho, é importante para nos ajudar a perceber que o mesmo já não é tão mau, assustador e doloroso"]. O terapeuta pode ainda recorrer à partilha de testemunhos e narrativas de trauma de outra crianças que foram vítimas do mesmo tipo de experiências.

A construção da narrativa do trauma é feita habitualmente através da escrita. É uma tarefa que envolve várias sessões durante as quais o terapeuta vai progressivamente motivando a criança não só a narrar e a descrever o evento traumático, como a acrescentar cada vez mais detalhes sobre o mesmo. A criança é convidada a dividir a sua história em diferentes capítulos temporalmente sequenciados (e.g., com uma criança vítima de *bullying*: C1:"Quem sou eu"; C2: "Como eu era em casa e na escola antes de ter sido vítima de *bullying*"; C3: "O que aconteceu na minha experiência de *bullying*"; C4: "As consequências do *bullying* na minha vida"; "O que aprendi com o *bullying* e como posso ajudar outras crianças vítimas de *bullying*"). A narrativa deve ainda incluir a descrição e caracterização da pior fase da experiência de trauma e dos estímulos associados e ativadores de memórias do trauma. O final deve incidir sobre as mudanças que a criança nota em si, o que aprendeu com esta experiência e o que diria a outras crianças que passaram pelo mesmo tipo de experiência.

O terapeuta, ao longo desta componente, vai motivando gradualmente a criança a descrever de forma cada vez mais detalhada o que aconteceu antes, durante e depois do/s episódio/s traumático/s, explorando sentimentos, pensamentos e comportamentos que o/s acompanharam. O terapeuta deve guiar-se pelas manifestações de adesão da criança, devendo respeitar a recetividade da mesma às tarefas e, sobretudo, prevenir a revitimização caso esta não se sinta preparada para falar da experiência traumática, ou de aspetos específicos da mesma. O recurso ao elogio contínuo do esforço que a criança dedica à tarefa, bem como à validação das suas dificuldades, receios e reações, deve ser assegurado pelo terapeuta. As sessões devem terminar com uma atividade lúdica e reforçadora para a criança.

À medida que o detalhe vai sendo explorado e expresso na narrativa pela criança, o terapeuta vai identificando potenciais cognições disfuncionais, não acedidas através do questionamento direto (e.g., "as pessoas são todas más e a qualquer momento podem magoar-nos"). Uma vez identificadas, o mesmo inicia a reestruturação cognitiva (e.g., pedir à criança evidências concretas de que "todas" as pessoas são más através, por exemplo, da identificação de pessoas que conhece e que considera boas, para além dos pais). O objetivo é a substituição destas formas de interpretação desajustadas por significados mais realistas e adaptativos (e.g., perceber que de facto há pessoas más, mas que também há pessoas boas, por isso, a solução não está em evitar "todas as pessoas", mas apenas aquelas que dão provas de serem más, como as três colegas que a agrediram). O terapeuta recorre a várias técnicas cognitivas, comportamentais, imagéticas e emocionais de reestruturação cognitiva, num formato adaptado à idade e às características psicossociais da criança (cf. Stallard, 2002, 2005) e à especificidade da sua experiência de trauma (cf. Cohen et al., 2006). Na prática, o processamento cognitivo da experiência traumática ocorre em paralelo com a exposição gradual à mesma (e respetivo processo de extinção da reação traumática) à narrativa do trauma. Espera-se que no final a criança tenha construído uma perspetiva alternativa e adaptativa desta experiência, integrando-a na sua história de vida e sentido de identidade.

A intervenção com os pais nesta componente consiste em partilhar com os mesmos, em sessões individuais paralelas, a narrativa que a criança vai elaborando, com o seu consentimento (e.g., antes da partilha com os pais é solicitada a autorização à criança para os pais terem acesso aos conteúdos do seu livro). O objetivo é aceder a distorções cognitivas dos próprios em torno da experiência dos filhos, dando continuidade ao processamento cognitivo das mesmas, promovendo a sua substituição por significados mais realistas, adequados e promotores de sentimentos e comportamentos mais funcionais.

Gestão ao vivo de estímulos ativadores de memórias do trauma
A componente de gestão ao vivo de estímulos ativadores de memórias do trauma (*"In vivo" mastery of trauma reminders*) é introduzida quando a criança e os pais, na sequência da exposição à narrativa do trauma e da reestrutura-

ção de parte significativa das cognições distorcidas prévias, são já capazes de gerir as memórias sobre o mesmo. A exposição à narrativa do trauma (i.e., imagética) e respetivo processamento cognitivo podem não ser suficientes para eliminar os comportamentos de evitamento entretanto generalizados a situações inócuas e neutras ao evento traumático, e que constrangem a rotina diária e funcionamento da criança. A exposição ao vivo a estas situações inócuas exige que esteja salvaguardada, de facto, a impossibilidade de revitimização (e.g., no caso de vítimas de violência escolar, a exposição ao contexto escolar implica que os agressores já não frequentem a escola). Quando o contexto de exposição não garante a segurança da criança, a exposição ao vivo não deve ser implementada.

Uma condição necessária à eficácia da exposição ao vivo é que, uma vez iniciada, deve ser concluída, sob pena da sua interrupção poder, quer reforçar os pensamentos distorcidos associados (e.g., "eu nunca vou ser capaz de volta a esta escola porque é perigoso"), quer a própria reação emocional e fisiológica. Neste sentido, a exposição ao vivo, além da psicoeducação, exige que pais e criança elaborem um contrato terapêutico onde assumem que o processo, uma vez iniciado, será levado até ao fim.

O processo de exposição ao vivo decorre de modo gradual e por aproximações sucessivas as estímulos mais perturbadores, à medida que a criança vai sendo capaz de gerir e tolerar as suas reações aos mesmos. Trata-se de um processo de extinção por exposição gradual ao vivo, onde cada patamar de exposição exige que a criança gira as reações perturbadoras ativadas até atingir o nível de segurança e de conforto subjetivo, de onde vai emergindo o sentido de mestria e de eficácia. Para isso, a criança beneficia das competências adquiridas durante as componentes anteriores. O terapeuta deve estar disponível, acompanhando a criança na exposição ao vivo e na aplicação prática das estratégias de *coping* desenvolvidas. Também os pais, professores e outros intervenientes na rotina diária da criança, são colaboradores essenciais na prevenção do evitamento e no apoio à gestão de memórias do trauma. Para além de motivarem a criança para a exposição, são responsáveis por reforçarem o seu esforço e sucesso no confronto com os estímulos (e.g., recurso a um sistema de reforços) (e.g., durante uma semana a criança vai de carro até à escola, mas não entra, regressa a casa; na semana seguinte vai de carro até à escola, entra na escola, fica 1h no gabinete de psicologia e regressa a casa; na semana seguinte, entra na escola, fica 2h no gabinete de psicologia e assiste a uma aula; na semana seguinte fica 2 horas no gabinete de psicologia e assiste a duas aulas; na semana seguinte assiste a um dia completo de aulas e assim sucessivamente, retomando a rotina de aulas semanal, à medida que se vai sentido segura e motivada). O plano não é fixo, pelo contrário, o terapeuta deve regredir na hierarquia de exposição sempre que considere que a criança precisa de consolidar o nível de exposição anterior antes de avançar para o seguinte.

Quando a exposição ao vivo não é exequível devido à impossibilidade da salvaguarda da segurança da criança, o terapeuta juntamente com os pais, professores e outros intervenientes, deve mobilizar os recursos legais necessários para que medidas urgentes sejam tomadas nesse sentido. Enquanto isso, o processo terapêutico deve ser canalizado para a elaboração e implementação de planos de segurança e de prevenção da recorrência do trauma em contexto.

O objetivo desta componente, tal como a da construção da narrativa do trauma (via imaginação), não é imergir a criança nas emoções e respostas fisiológicas ativadas pelas memórias do evento traumático. Pelo contrário, o objetivo é ajudar a criança, por aproximações sucessivas a situações associadas ao trauma, a extinguir estas reações gradualmente. Espera-se que à medida que se vai apercebendo e confirmando que confrontar-se com estes estímulos não implica ser novamente vitimizada, seja facilitada a quebra da associação destas situações ao/s episódio/os traumático/s real/ais.

Sessões conjuntas com pais e criança
O protocolo de TCC-FT inclui maioritariamente sessões individuais, paralelas, com a criança e com os pais. Contudo, e apesar de poderem ocorrer em qualquer momento do processo, sempre que o terapeuta considere importante, as sessões conjuntas (*Conjoint child-parent sessions*) são necessárias, sobretudo, depois de a criança terminar a sua narrativa do trauma e o respetivo processamento cognitivo. As sessões conjuntas permitem ao terapeuta rever o processo de psicoeducação, promover a partilha da narrativa do trauma diretamente pela criança aos pais e consolidar o treino de competências de comunicação e de parentalidade positiva. Promovem ainda a abertura à conversação entre os pais e a criança em torno de temas relacionados com o trauma, além da consolidação do processamento cognitivo.

O número de sessões conjuntas e respetiva calendarização deve ser definido entre o terapeuta, a criança e os pais logo no início do processo de intervenção, sendo sempre possível ajustar e reorganizar esta calendarização mediante as necessidades que forem surgindo ao longo do mesmo. As sessões têm uma duração média de 60 minutos, sendo os primeiros 15 minutos dedicados ao atendimento individual da criança, os 15 minutos seguintes ao atendimento aos pais, e os últimos 30 minutos ao atendimento à criança e aos pais em conjunto. No final de cada sessão, pais e criança definem com o terapeuta os conteúdos da próxima sessão.

Quando o objetivo das sessões conjuntas é a partilha da narrativa do trauma pela criança aos pais, o terapeuta deve certificar-se antes com a criança de que a mesma está recetiva e confortável em fazê-lo. Com os pais, o terapeuta deve previamente ler em voz alta a narrativa da criança no sentido de os preparar para os conteúdos e apoiar na gestão da reação aos mesmos, de modo a prevenir a exposição da criança a reações disfuncionais dos pais. Esta preparação é feita em sessões individuais com os pais e com a criança, tal como foi já referido.

As famílias de acolhimento, ou os tutores da criança em contexto de institucionalização que assumam o papel de prestadores de cuidados primários e de figuras significativas na vida da criança, podem igualmente participar da partilha das narrativas do trauma e das atividades gerais promovidas no contexto das sessões conjuntas, desde que respeitem a confidencialidade e validem a experiência da criança.

Consolidação da segurança e do desenvolvimento futuros
A última componente do protocolo de TCC-FT integra a promoção da segurança e a salvaguarda da trajetória de desenvolvimento futura da criança (*Enhancing future safety and development*) e visa, especificamente, consolidar o treino de competências diárias de gestão da segurança pessoal, a prevenção da revitimização futura e a prevenção da recaída nos ganhos terapêuticos alcançados.

É comum as crianças, e os pais, expostos a experiências traumáticas manterem receios e preocupações em torno da segurança e da probabilidade de ocorrência de novas experiências traumáticas. Sendo impossível, e irrealista, assegurar que qualquer criança nunca mais voltará a ser vítima de trauma, a alternativa de apoio à criança e aos pais na gestão deste tipo de preocupações passa por os munir de competências de prevenção da exposição a acontecimentos deste tipo, através do desenvolvimento de planos e estratégias de segurança, promotores de sentimentos de mestria e de autoeficácia atenuadores deste tipo de receios. Este processo é introduzido após a narrativa do trauma e respetivo processamento cognitivo, devendo o terapeuta ser particularmente cauteloso em não transmitir a perceção de que a criança continua exposta a elevada probabilidade de ser novamente vitimizada.

O treino de competências de segurança pessoal com a criança e com os pais inclui várias dimensões importantes, nomeadamente, o recurso a uma comunicação clara e aberta de sentimentos, desejos e preocupações, a identificação de pessoas e locais potencialmente seguros como fonte de apoio, o evitamento de situações dúbias e potencialmente inseguras, entre outras, em função das características específicas de cada experiência traumática (e.g., com vítimas de abuso sexual, discriminar toques corporais "aceitáveis" de "não aceitáveis")[1].

Para além de planos de segurança atuais, pais e criança elaboram planos de confronto e gestão de dificuldades futuras, recorrendo e reforçando os ganhos terapêuticos, e normalizando futuros obstáculos.

O protocolo de TCC-FT termina quando todas as componentes PRACTICE forem administradas e se regista a remissão da sintomatologia associada à experiência de trauma pela criança e pelos pais, tendo sido restabelecido um funcionamento adaptativo. Quando as crianças, além de dificuldades relacionadas com o trauma, apresentam outras áreas problemáticas (e.g., fobia social), pode justificar-se o prolongamento das componentes do protocolo de TCC-FT ou a inclusão de estratégias de intervenção adicionais (e.g., treino de competências interpessoais). O protocolo, tal como aqui é apresentado, não considera à partida as idiossincrasias da sua adaptação a experiências traumáticas específicas (e.g., abuso sexual, mau trato físico, violência escolar, exposição a violência doméstica, perda traumática, acidente de viação), pelo que deverá ser complementado com os manuais de TCC-FT adaptados

---

[1] (ver informação sobre planos de segurança em www.creative-therapystore.com ou www.hope4families.com).

para a intervenção com as diferentes formas de experiências de onde pode resultar sintomatologia de trauma (e.g., Cohen et al., 2006; Cohen, Berliner, & Mannarino, 2010; Deblinger & Heflin, 1996).

Os estudos demonstram a eficácia da TCC-FT, nomeadamente, na diminuição de pensamentos e sonhos intrusivos; de comportamentos de evitamento; no aumento de competências de confronto e gestão de memórias do trauma; na diminuição dos sintomas de depressão, ansiedade, dissociação, problemas de comportamento, comportamentos sexualizados (e.g., vítimas de abuso sexual) e sentimentos de culpa e vergonha associados ao trauma; no aumento da confiança e das competências de interação social; no aumento de competências de segurança pessoal; e na preparação do confronto com estímulos e memórias relacionadas com o trauma, no futuro (e.g., Burns et al., 2008; Cohen et al., 2003, 2005; Deblinger et al., 2001, 2011; Deblinger, Mannarino, Cohen, & Steer, 2006; King et al., 2000). A TCC-FT, contudo, revela-se menos eficaz na intervenção com crianças e adolescentes cujas experiências negativas e perturbadoras: (i) assumem contornos crónicos e recorrentes, e cuja sintomatologia é predominantemente externalizadora (i.e., associada a perturbações essencialmente do comportamento e de conduta, sem sintomas de stresse pós-traumático ou de depressão); (ii) cujas dificuldades não estão diretamente relacionadas, ou são anteriores, a estas experiências; (iii) que apresentam ideação suicida e consumo de substâncias; e (iv) que apresentam história de fuga, automutilação e de envolvimento noutros comportamentos parasuicidas (sobretudo, adolescentes) (Cohen et al., 2010). Para estes casos mais específicos, existem outros modelos de intervenção cognitivo-comportamental adaptados e empiricamente validados (ver Burns et al., 2008).

Conclusão

As intervenções clínicas cognitivo-comportamentais com crianças e adolescentes vítimas de experiências traumáticas reúnem atualmente o consenso da comunidade científica em torno da eficácia demonstrada. A TCC-FT é um exemplo deste tipo de modelos de intervenção, especificamente orientado para a intervenção com crianças e adolescentes com sintomatologia predominantemente internalizadora, característica da perturbação de stresse pós-traumático e de outras perturbações como as de ansiedade e a depressão, resultante da exposição a diferentes tipos de eventos traumáticos, com origem criminal ou não. Assente nos pressupostos orientadores dos modelos cognitivo-comportamentais e nas características específicas da adaptação desenvolvimental destes modelos à intervenção com crianças e adolescentes, a TCC-FT ilustra neste capítulo a aplicação das abordagens cognitivo-comportamentais na intervenção com vítimas de trauma na infância e na adolescência.

O vasto leque de evidências empíricas de eficácia da TCC-FT não exclui a exigência de assegurar os cuidados transversais a qualquer modelo de intervenção com esta população específica. Neste enquadramento, é fundamental, por um lado, que o terapeuta, além de assegurar a formação especializada e a prática supervisionada, domine a conceptualização teórica cognitivo-comportamental do trauma, bem como as respetivas implicações terapêuticas. Por outro lado, e talvez o mais determinante, que o mesmo seja capaz de construir uma relação terapêutica segura e de confiança com a criança ou adolescente e os seus pais, de adaptar a sua formulação clínica e respetivo plano de intervenção às características de cada caso, de mobilizar os recursos familiares, sociais e comunitários disponíveis e intervenientes em cada caso, e de ser flexível e criativo o suficiente para adaptar a sua intervenção às características e necessidades idiossincráticas de cada criança ou adolescente e das suas famílias. Deste modo, importa salientar a responsabilidade e o papel fundamental da formação e da preparação teórica e prática do terapeuta para a intervenção com crianças e adolescentes vítimas de experiências traumáticas. O terapeuta cognitivo-comportamental não é exceção, constituindo-se estas características como dimensões definidoras da fidelidade da administração do modelo de TCC-FT.

Tendo por objetivo introduzir, caracterizar e ilustrar a conceptualização teórica e respetivas implicações práticas dos modelos cognitivo-comportamentais na intervenção psicológica clínica com crianças e adolescentes vítimas de experiências traumáticas, este capítulo não substitui a consulta das referências bibliográficas centrais nesta área.

Referências

Beck, A. T., Rush, A. J., Shaw, B. F., & Emery, G. (1979). *Cognitive therapy of depression.* NY: The Guilford Press.

Burns, B., J., Kolko, D. J., Putnam, F. W., & Amaya-Jackson, L. (2008). Evidence-based psychosocial treatments for children and adolescents exposed to traumatic events. *Journal of Clinical Child & Adolescent Psychology, 37*(1), 156-183. doi: 10.1080/15374410701818293

Carr, A. (2006). *The handbook of child and adolescent clinical psychology: A contextual approach (2nd edition).* NY: Routledge.

Cohen, J. A., Berliner, L., & Mannarino, A. P. (2003). Psychosocial and pharmacological interventions for child crime victims. *Journal of Traumatic Stress, 16*(2), 175-186.

Cohen, J. A., Mannarino, A. P., & Knudsen, K. (2005). Treating sexually abused children: One year follow-up of a randomized controlled trial. *Child Abuse & Neglect, 29,* 135-146.

Cohen, J. A., Mannarino, A. P., & Deblinger, E. (2006). *Treating trauma and traumatic grief in children and adolescents.* NY: The Guilford Press.

Cohen, J. A., Berliner, L., & Mannarino, A. (2010). Trauma focused CBT for children with cooccurring trauma and behavior problems. *Child Abuse & Neglect, 34,* 215-224. doi:10.1016/j.chiabu.2009.12.003.

Cohen, J. A., Mannarino, A. P., & Deblinger, E. (2010). Trauma-Focused Cognitive-Behavioral Therapy for traumatized children. In R. J. Weisz & A. E. Kazdin (Eds.), *Evidence-based psychotherapies for children and adolescents (2nd edition)* (pp. 295-311). NY: The Guilford Press.

Crawley, S. A, Podell, J. L., Beidas, R. S., Braswell, L., & Kendall, P. C. (2010). Cognitive-Behavioral Therapy with youth. In K. S. Dobson (Ed.), *Handbook of cognitive-behavioral therapies (3rd edition)* (pp. 375-410). NY: The Guilford Press.

Deblinger, E., & Heflin, A. H. (1996). *Treating sexually abused children and their nonoffending parents: A cognitive behavioral approach.* Thousand Oaks, CA: Sage.

Deblinger, E., Stauffer, L, & Steer, R. (2001). Comparative efficacies of supportive and cognitive behavioral group therapies for children who were sexually abused and their nonoffending mothers. *Child Maltreatment, 6*(4), 332-343.

Deblinger, E., Mannarino, A., P., Cohen, J. A., & Steer, R. A. (2006). A follow-up study of a multisite, randomized controlled trial for children with sexual abuse-related PTSD symptoms. *Journal of the American Academy of Child and Adolescent Psychiatry, 45*(12), 1474-1484.

Deblinger, E., Mannarino, A. P., Cohen, J. A., Runyon, M. K., & Steer, R. A. (2011). Trauma-Focused Cognitive Behavioral Therapy for children: Impact of the trauma narrative and treatment length. *Depression and Anxiety, 28*, 67-75. doi: 10.1002/da.20744.

Deblinger, E., Behl, L. E., & Glickman, A. R. (2012). Trauma-Focused Cognitive--Behavioral Therapy for children who have experienced sexual abuse. In P. C. Kendall (Ed.), *Child and adolescent therapy: Cognitive-behavioral procedures (4th edition)* (pp. 379-397). NY: The Guilford Press.

Dobson, K. S. & Dozois, D. J. A. (2010). Historical and philosophical bases of the cognitive-behavioral therapies, In K. S. Dobson (Ed.), *Handbook of cognitive-behavioral therapies (3rd edition)* (pp. 3-38). NY: The Guilford Press.

Feather, J. S & Ronan, K. R. (2010). *Cognitive behavioral therapy for child trauma and abuse: A step-by-step approach.* London: Jessica Kingsley Publishers.

Foa, E. B. & Rothbaum, B. O. (1998). *Treating the trauma of rape: Cognitive-Behavioral Therapy for PTSD.* NY: The Guilford Press.

Keane, T. M. & Barlow, D. H. (2002). Posttraumatic Stress Disorder. In D. H. Barlow (Ed.), *Anxiety and its disorders: The nature and treatment of anxiety and panic (2nd edition)* (pp. 418-453). NY: The Guilford Press.

Kendall, P. C. (Ed.). (2012). *Child and adolescent therapy: Cognitive-behavioral procedures (4th edition).* NY: The Guilford Press.

King, N. J., Tonge, B. J., Mullen, P., Myerson, N., Heyne, D., Rollings, S., et al. (2000). Treating sexually abused children with posttraumatic stress symptoms: A randomized clinical trial. *Journal of the American Academy of Child and Adolescent Psychiatry, 39*(11), 1347-1355.

Kolko, D. F. (1996). Individual cognitive therapy and family therapy for physically abused children and their offending parents: A comparison of clinical outcomes. *Child Maltreatment, 1*, 322-342.

Macdonald, G. (2001). *Effective interventions for child abuse and neglect: An evidence-based approach to planning and evaluating interventions.* England: John Wiley & Sons, Ltd.

Stallar, P. (2002). *Think Good – Feel Good: A cognitive behavior therapy workbook for children and young people.* England: John Wiley & Sons, Ltd.

Stallard, P. (2005). *A clinician's guide to Think Good-Feel Good: Using CBT with children and young people.* England: John Wiley & Sons, Ltd.

Wolfe, D. A. & Mash, E. J. (Eds.). (2006). *Behavioral and emotional disorders in adolescents: Nature, assessment, and treatment.* NY: The Guilford Press.

Wolfe, D. A., Rawana, J. S., & Chiodo, D. (2006). Abuse and trauma, In D. A. Wolfe & E. J. Mash (Eds.), *Behavioral and emotional disorders in adolescents: Nature, assessment, and treatment* (pp. 642-672). NY: The Guilford Press.

Weisz, R. J. & Kazdin, A. E. (Eds.). (2010). *Evidence-based psychotherapies for children and adolescents (2nd edition).* NY: The Guilford Press.

Intervenção com crianças institucionalizadas em centros de acolhimento temporário ou lares de infância e juventude

Eva Costa Martins
Instituto Superior da Maia, Portugal

Resumo
Este capítulo recai sobre a intervenção com crianças institucionalizadas em centros de acolhimento temporário ou lares de infância e juventude. São explorados os processos subjacentes aos efeitos terapêuticos e prejudiciais da institucionalização, bem como das estratégias a implementar para potenciar os primeiros e minimizar os segundos. Recorre-se a exemplos ilustrativos baseados em situações reais identificadas no decurso de sessões de supervisão de equipas técnicas e educativas em lares de infância e juventude. A fundamentação teórica para as diretrizes de intervenção radica na *teoria da vinculação* (Ainsworth et al., 1978; Bowlby, 1969/1982) e complementa-se com o *modelo de resolução de problemas colaborativamente* para o cumprimento de regras, mesmo em crianças com comportamentos oposicionais e agressivos (Greene, 2010). A intervenção com crianças institucionalizadas implica o desenvolvimento de relações estáveis e de qualidade com adultos e outros jovens que fomentem: 1) o desenvolvimento de um sentimento de segurança; 2) a construção

de novos modelos de relação, contrastantes com os emergentes de relações familiares negligentes ou abusivas, que poderão propiciar a alteração da trajetória de vida da criança; e 3) o desenvolvimento e aquisição de novas competências (e.g., regulação de emoções, valores sociais, entre outras).

Introdução[1]

Este capítulo foca-se na intervenção com crianças[2] institucionalizadas em centros de acolhimento temporário (CATs) ou lares de infância e juventude (LIJs). Estas crianças são retiradas do seu ambiente familiar e colocadas em instituições de acolhimento ao abrigo da Lei de Proteção de Crianças e Jovens em Perigo (Lei nº. 147/99, de 1 de setembro), recaindo sobre elas uma medida de promoção dos seus direitos e de proteção[3]. Para tal, terá de existir um contexto familiar que ponha em perigo a sua segurança, saúde, formação, educação ou desenvolvimento, ou perigo resultante da ação ou omissão de terceiros ou da própria criança.

Refletir sobre a intervenção psicológica com a criança institucionalizada implica analisar os défices e competências que as suas histórias de vida (e que levaram à institucionalização) fomentaram. Implica igualmente examinar, por um lado, os desafios que lhe são adicionalmente colocados, exatamente por ter sido retirada do seu ambiente familiar e ter sido colocada num contexto novo, o lar de acolhimento e, por outro, as potencialidades que daí advêm para o seu desenvolvimento futuro. Neste sentido, optei por não direcionar este capítulo para a intervenção em problemáticas específicas frequentes nas crianças sujeitas a este tipo de medida judicial, como por exemplo o abuso sexual, já que estas temáticas são cobertas noutros capítulos deste livro. Debrucei-

---

[1] Dedico este capítulo àqueles que me permitiram crescer acompanhada, amada e acolhida. Aos meus pais. Dedico este texto àquele que me possibilitou construir uma nova família na qual sinto o mesmo conforto e que servirá de abrigo a quem, em mim, está a ser gerada. Ao Fernando.
Agradeço aos/às jovens, técnicos/as e educadores/as que comigo partilharam vazios e tristezas, mas que me mostraram que há espaço para a mudança, para o corte com histórias de vida terríveis, quando existem adultos que cuidam, na verdadeira aceção do termo, mesmo em contextos muito difíceis.

[2] Por todo este capítulo irei referir-me a crianças ou jovens indiscriminadamente.

[3] Não irei, portanto, referir-me às crianças institucionalizadas em centros educativos, ao abrigo da Lei Tutelar Educativa, nº. 166/99, de 14 de setembro.

-me antes na exploração dos processos subjacentes aos efeitos terapêuticos e prejudiciais da institucionalização, bem como das estratégias a implementar para potenciar os primeiros e minimizar os segundos.

A intervenção psicológica em contexto de lar não se centra exclusivamente na elaboração de programas de intervenção para crianças e jovens que possam apresentar sintomas psicopatológicos. Implica sim, e sobretudo, a promoção de condições de acolhimento ajustadas às necessidades destas e que permitam o seu crescimento saudável. Neste sentido, irão ser abordadas essencialmente duas linhas de intervenção. A primeira, sustentada pela *teoria da vinculação* (Ainsworth et al., 1978; Bowlby, 1969/1982), fornece indicações sobre como o comportamento dos adultos durante as interações no dia a dia pode potenciar esse desenvolvimento saudável. A segunda, o *modelo de resolução de problemas colaborativamente* para lidar com comportamentos oposicionais e agressivos (Greene, 2010), complementa a intervenção anterior. Formula diretrizes precisas sobre como o adulto pode favorecer o cumprimento de normas (e.g., o que fazer quando um jovem quer continuar a jogar computador e são horas de ir jantar?) para que estes momentos sejam novamente oportunidades para o desenvolvimento de competências, nomeadamente emocionais e de controlo do comportamento por parte da criança. Esta é uma das grandes dificuldades relatadas pelos educadores e técnicos dos lares de infância e juventude, daí que tenha sido incluída nesta reflexão.

Este capítulo está dividido em duas partes principais: o enquadramento teórico e a intervenção. Esta última é composta por dois pontos: o primeiro sobre especificidades do acolhimento de crianças pequenas e o segundo sobre diretrizes gerais da intervenção com crianças institucionalizadas.

Enquadramento teórico

O enquadramento teórico irá iniciar-se com uma sinopse sobre o acolhimento institucional em Portugal, seguindo-se uma explicação sumária da teoria da vinculação (Ainsworth et al., 1978; Bowlby, 1969/1982) e descrição dos dados de investigação sobre o impacto negativo da institucionalização. Terminarei com uma aplicação da teoria da vinculação à compreensão da intervenção em contexto institucional e uma descrição do método de resolução de problemas colaborativamente (Greene, 2010) para a imposição de regras e normas por parte dos adultos.

O acolhimento institucional em Portugal

Em Portugal há registos da existência de crianças institucionalizadas desde o século XII (Martins, 2004). Inicialmente as crianças institucionalizadas eram maioritariamente aquelas que tinham sido abandonadas pelos seus familiares (Martins, 2004). Na vizinha Espanha verifica-se um cenário semelhante, no qual as instituições de acolhimento eram de grandes dimensões (acolhendo um número elevado de crianças) e criadas com o objetivo principal de satisfação das necessidades de sobrevivência muito básicas destas crianças, como a alimentação, a habitação, bem como algum tipo de formação para que pudessem encontrar um trabalho (Bravo & Del Valle, 2009; Martins, 2004). O papel das instituições era substituir uma família que não foi capaz de cuidar dos seus filhos, sendo a institucionalização uma resposta de duração prolongada, muitas vezes até o jovem ser maior de idade (Bravo & Del Valle, 2009). De uma forma muito genérica, podemos afirmar que durante grande parte do século XX eram, ainda, estas as características das instituições de acolhimento e das crianças acolhidas em Portugal (ver revisão de Martins, 2004).

No entanto, este cenário tem vindo a alterar-se. Por um lado, identifica-se um movimento que conceptualiza o acolhimento como uma resposta transitória e temporária que tem por objetivo o desenvolvimento global da criança (e não só de alimentação e abrigo), focando-se na elaboração e persecução de um projeto de vida como a reintegração familiar ou a adoção. Por outro, a população acolhida também se tem alterado substancialmente, como irei descrever de seguida.

Mudanças políticas e legislativas culminam na criação, em 1999, da Lei 147/99 - Lei da Proteção de Crianças e Jovens em Perigo - que estabelece diretrizes precisas sobre o acolhimento institucional. Destaca-se dos artigos 53º e 54º a importância dada: 1) a que as instituições favoreçam uma relação afetiva do tipo familiar e uma vida diária personalizada e integrada na comunidade; 2) a que os pais ou representante legal possam visitar a criança; e 3) à existência de uma equipa técnica pluridisciplinar (psicologia, serviço social e educação) para o diagnóstico da situação da criança acolhida e a definição e execução do seu projeto de promoção e proteção. Na tentativa de implementação das reformas contidas na lei, em 2007, cria-se um plano governamental, o *Plano DOM*[4] – *Desafios, Oportunidades e Mudanças*, que tem como principal objetivo

---

[4] http://www2.seg-social.pt/left.asp?03.06.29

a implementação de medidas de qualificação da rede de lares de infância e juventude (Amaro, 2008), promovendo, entre outros: 1) que o acolhimento seja desejavelmente provisório e que os recursos humanos sejam adequados ao número de crianças acolhidas, composto por uma equipa educativa (profissionais que prestam os cuidados no dia a dia às crianças) e uma equipa técnica (psicólogos, assistentes sociais, educadores sociais); 2) uma atenção individualizada, centrada nas necessidades de valorização, estabilidade e afeto da criança (através de um processo de acolhimento inicial personalizado, no fomentar de uma relação educador/criança centrada na estimulação das capacidades comunicativas, na personalização dos espaços que a criança habita, como o seu quarto, na promoção da sua autonomia, facilitando o envolvimento das crianças no funcionamento da instituição, na promoção da relação com pares, dentro e fora da instituição); e 3) que o espaço institucional estimule as competências parentais com vista à reintegração da criança, ou se este projeto de vida não for possível, garantir a adoção, ou a promoção da autonomia de vida, em tempo oportuno.

No que diz respeito às mudanças nas características da população acolhida, verifica-se que estas são maioritariamente retiradas à família pela identificação de condições de perigo para a sua vida e desenvolvimento e não porque ficaram órfãs, assistindo-se igualmente a motivos emergentes que conduzem à institucionalização, como comportamentos muito agressivos e desviantes (e.g., consumo de substâncias) por parte das próprias crianças ou absentismo escolar (Bravo & Del Valle, 2009; Martins, 2004; Ministério do Trabalho e da Solidariedade, 2000). Consequentemente, a idade no momento do acolhimento é cada vez mais elevada, sendo a população institucionalizada crescentemente composta por pré-adolescentes ou adolescentes (Bravo & Del Valle, 2009; Martins, 2004; Ministério do Trabalho e da Solidariedade, 2000). O acolhimento institucional de crianças mais velhas e jovens parece ser uma necessidade que não se irá extinguir a breve trecho, já que a complexidade das necessidades destes jovens violentos/as requer uma atenção especializada, o que nem sempre é possível numa família de acolhimento (Bravo & Del Valle, 2009).

Resumidamente, podemos falar de mudanças no que toca à conceptualização do acolhimento institucional (como provisório, como tendo por objetivo a promoção de desenvolvimento global da criança, nomeadamente social e emocional, bem como remediativo, através de planos de intervenção específicos) e relativas às caraterísticas das crianças e jovens acolhidos (e.g., idades mais tardias, institucionalizações motivadas por violência da própria criança, absentismo escolar, entre outras). Estas implicam inevitavelmente uma quebra com padrões organizativos e de funcionamento das instituições, baseados numa conceção do acolhimento assistencial, e um apetrechamento com respostas técnicas e especializadas para lidar com estas novas problemáticas e funções.

Teoria da vinculação e resultados desenvolvimentais de crianças institucionalizadas
Para que uma criança se sinta segura em qualquer ambiente (ainda mais se este é novo, como no caso das crianças que são retiradas à família e institucionalizadas) é necessário que esta encontre figuras estáveis no ambiente (que estão lá sempre, ou quase sempre) e que estas se constituam como figuras de referência e, de preferência, de vinculação. Mas afinal o que é uma figura de vinculação (FVinc) e para que é que ela serve? Uma figura de vinculação é uma pessoa (homem ou mulher) com quem a criança forma um laço afetivo forte (Ainsworth et al., 1978) e à qual recorre, procurando ficar mais próxima fisicamente (podendo necessitar mesmo de tocar-lhe), em certas situações como quando está com medo, cansada ou doente (Bowlby, 1969/1982). A qualidade especial desta relação é visível nestes momentos, pois o mal-estar que a criança possa estar a sentir é gradualmente eliminado (e.g., estava a chorar porque outra criança partiu o seu brinquedo favorito e o colo da FVinc permite acalmar a criança e possibilita que ela volte a brincar com outro brinquedo) ou minimizado (e.g., criança está doente/com dores, os carinhos físicos e a presença da FVinc não fazem desaparecer a doença, mas permitem maior bem-estar à criança). De uma forma muito geral, dizemos que a proximidade com a FVinc permite à criança reorganizar os seus afetos, sentir-se segura e explorar o mundo das pessoas e das coisas (Sroufe, 2000; Marina, Martins, Neves, & Soares, 2007). Facilmente se compreende que quando certas emoções fortes e potencialmente desorganizadoras (e.g., medo) emergem e a FVinc não existe ou está ausente, estas tornam-se devastadoras para a criança pois ficam sem resolução, perturbando profundamente a interação desta com o meio ambiente e os outros e, como tal, impedindo o desenvolvimento saudável da criança (Dozier & Rutter, 2008; Kobak & Madsen, 2008).

Assim, a institucionalização na infância pode constituir-se como uma situação de "extrema privação social" (Bos et al., 2011, p. 15) pois frequentemente priva as crianças de interações recíprocas com cuidadores[5] estáveis (Bakermans-Kranenburg, van IJzendoorn, & Juffer, 2008). Ou seja, frequentemente, os cuidados institucionais a crianças pequenas não garantem um ambiente socioemocional adequado, pois o rácio cuidador/criança é muito elevado (muitas crianças para poucos elementos da equipa educativa) e estes educadores são muito variáveis, mudando constantemente ao longo do dia, da semana ou dos meses, em função dos seus turnos de trabalho ou porque, por falta de condições de trabalho, procuram novos empregos (há uma elevada rotatividade destes profissionais). Adicionalmente, as interações existentes entre educador e criança podem ter um caráter mecânico, centradas na alimentação, na higiene e no cumprimento de regras e rotinas da instituição, identificando-se uma ausência de diálogo e brincadeira com a criança, de sensibilidade aos seus ritmos e necessidades, devido à sobrecarga de trabalho imposta aos cuidadores (Bakermans-Kranenburg, van IJzendoorn, & Juffer, 2008; Bos et al., 2011; McCall et al., 2010).

Estas diferentes condicionantes não possibilitam interações diádicas (educador-criança) individualizadas. Impede-se, assim, o estabelecimento das condições necessárias de interação com um adulto mais competente e munido de afetos, elemento chave da promoção do desenvolvimento de competências cognitivas, linguísticas e sociais de qualquer criança. Igualmente, esta lacuna experiencial impossibilita a elaboração de uma relação de vinculação com um cuidador que, como vimos anteriormente, é fundamental para o bem-estar e sentimento de segurança da criança, afetando a apetência desta para explorar o mundo das coisas e das pessoas e consequentemente o seu desenvolvimento na globalidade (Bakermans-Kranenburg et al., 2008; Bos et al., 2011; McCall et al., 2010).

Desde meados do século XX, inúmeras investigações têm comprovado que crianças que crescem em ambiente institucional têm uma maior probabilidade de virem a apresentar atrasos de desenvolvimento ou mesmo défi-

---

[5] Irei utilizar o termo cuidadores/educadores como sinónimos. Refiro-me aos elementos das equipas educativas das instituições de acolhimento que acompanham as crianças nas suas rotinas (e.g., acordar de manhã, nos trabalhos de casa, banho, refeições, entre outras).

ces a nível cognitivo (St. Petersburg–USA Orphanage Research Team, 2008). Numa meta-análise, verificou-se uma diferença absoluta de 20 pontos de QI entre as crianças institucionalizadas e as crianças que cresceram em ambiente familiar (Van IJzendoorn, Luijk, & Juffer, 2008). Os problemas de saúde mental também são notórios. São descritos problemas atencionais, sintomas de hiperatividade e dificuldades emocionais (Wiik et al., 2011), dificuldades com a regulação do comportamento e emoções, ansiedade e perturbações de vinculação (como a sociabilidade indiscriminada, na qual a criança se aproxima indiscriminadamente de qualquer adulto, mesmo que não o conheça, e não procura seletivamente certos adultos quando necessita de ser confortada; Bos et al., 2011). O impacto da institucionalização é visível, igualmente, na estruturação do sistema nervoso e endócrino (Bos et al., 2011), bem como no menor crescimento físico (St. Petersburg–USA Orphanage Research Team, 2008). Esta é uma realidade transversal a muitos países e Portugal não parece ser exceção, como documentam os dois seguintes estudos. Pereira et al. (2010), num estudo exploratório com crianças em CAT, verificaram que as crianças avaliadas tinham atingido níveis inferiores de desenvolvimento em comparação com valores normativos e que em termos de sintomas psicopatológicos de internalização e de externalização, aproximaram-se dos valores clínicos. Por seu turno, Oliveira et al. (no prelo) verificaram que no grupo de 74 crianças institucionalizadas estudadas evidenciavam-se níveis elevados de comportamentos de sociabilidade indiscriminada.

A investigação tem demonstrado que é possível formar famílias de acolhimento que possibilitem o desenvolvimento socioemocional das crianças e que a colocação destas, quando retiradas à família de origem, em famílias de acolhimento é preferencial por comparação com a institucionalização (Smyke, Zeanah, Fox, & Nelson, 2009). No entanto, tem-se igualmente demonstrado que são vários os fatores que concorrem para que a experiência de institucionalização tenha efeitos mais ou menos negativos no desenvolvimento da criança. Para além dos acima relatados é importante referir que: 1) quanto maior o tempo de institucionalização, piores são os resultados desenvolvimentais das crianças (Merz & McCall, 2011); 2) o património genético das crianças pode moderar o impacto das condições de institucionalização podendo este património ser, em algumas condições, protetor do efeito de adversidade (Bos et al., 2011); e 3) as condições de risco a que a criança foi exposta antes de ser institucionalizada também podem influenciar a adaptação futura da criança (Oliveira et al., no prelo). Assim, gostaria de referir que o acolhimento institucional de crianças pode ser amplamente melhorado (Crockenberg, 2008; Groark & Mccall, 2011), como irá ser descrito na secção de intervenção deste capítulo. A sua extinção, a curto prazo, não será possível em muitos países, nomeadamente porque o sistema de famílias de acolhimento não está montado ou porque as necessidades específicas emergentes das populações acolhidas (e.g., crianças ou jovens com comportamentos muito agressivos/delinquentes) não têm resposta em contexto familiar (Bravo & Del Valle, 2009).

Bases teóricas da intervenção proposta neste capítulo: Teoria da vinculação e o modelo de resolução de problemas colaborativamente
Como foi referido acima, a importância do estabelecimento de relações estáveis de vinculação com pelo menos um cuidador dentro da instituição de acolhimento é fundamental na infância, mas não deixa de o ser durante a adolescência. Um objetivo basilar da intervenção com crianças institucionalizadas é a construção de relações de qualidade com figuras de referência. Por um lado, a existência desta relação permite à criança o desenvolvimento de um recurso afetivo, a quem pode recorrer quando algo a assusta (e.g., outro jovem o maltrata), garantindo o desenvolvimento de um sentimento de segurança, fundamental para que a criança se vire para o mundo e o explore (e.g., aprenda na escola) e interiorize regras sociais de convivência, entre outros aspetos. Por outro lado, estas novas relações de confiança com adultos cuidadores (proporcionadas pela experiência de institucionalização) são potencialmente reparadoras dos modelos de relação construídos anteriormente, junto de pais ou familiares abusivos ou negligentes. Este segundo ponto, ainda não explorado neste capítulo, é decisivo para o desenvolvimento saudável de uma criança institucionalizada e para a alteração de comportamentos problemáticos e trajetórias de vida disfuncionais, caso estas estejam presentes.

A teoria da vinculação preconiza que a qualidade das relações construídas durante a infância (ou durante todo o ciclo vital da pessoa) não tem unicamente consequências para o sentimento de segurança (ou insegurança) no momento presente. Estas relações vão sedimentar, dentro de cada um nós, expectativas e representações sobre: 1) o funcionamento das outras pessoas,

2) o nosso valor pessoal e 3) o que se espera que nos aconteça neste mundo (Soares, Martins, & Tereno, 2007). A este conjunto de representações e expectativas Bowlby denominou de *modelos internos dinâmicos* (Bowlby, 1969/1982). Ora, mas como é que de experiências repetidas de cuidados se retira tudo isto? Veja-se um exemplo. Uma criança que seja mal-tratada, nos momentos em que se sente mal, com medo, vai recorrer à FVinc (tal como todas as outras crianças), mas esta vai responder de forma não eficaz (e.g., não conseguindo reverter o mal-estar sentido pela criança) ou de maneira agressiva (Lyons-Ruth & Jacobvitz, 2008). Estas interações repetidas vão dar origem a relações de vinculação inseguras ou mesmo desorganizadas[6]. Gradualmente esta criança vai desenvolver uma representação negativa dos cuidadores, que não só não são capazes de a ajudar a lidar com as emoções negativas, os seus problemas ou obstáculos, como também contribuem para o seu sofrimento, por exemplo, porque a agridem. Este modelo da relação de vinculação, baseado na desconfiança em relação ao outro, vai ter um impacto nas relações que a criança

---

[6] Ainsworth et al. (1978) identificaram, na infância, um padrão de vinculação seguro e dois inseguros. O padrão seguro descreve uma criança que tem uma expectativa de que a figura de vinculação (FVinc) estará disponível para a ajudar (Simpson & Belsky, 2008). Como tal, em momentos de aflição procura a proximidade. O contacto/conforto que recebe da FVinc tem o efeito calmante e de regulação das emoções necessário, permitindo que a criança retorne à exploração do meio (e.g., interação com outras pessoas ou brincar com objetos). As crianças classificadas como inseguras evitantes parecem ter desenvolvido uma expectativa negativa em relação à resposta parental, tendo por base, nomeadamente, experiências repetidas de rejeição do contacto físico em momentos de procura de proximidade com a FVinc (Simpson & Belsky, 2008). Neste contexto relacional, desenvolvem uma estratégia de minimização da procura de proximidade e contacto físico com a FVinc e de expressão de afetos negativos, como o choro. Recorrem, então, a estratégias centradas nos objetos e no seu corpo para se regularem. As crianças inseguras ambivalentes ou resistentes, quando as suas emoções negativas são ativadas procuram proximidade com a FVinc, mas quando a obtêm demonstram comportamentos resistentes a esse contato e agressivos. As estratégias de acalmia da FVinc não são eficazes em regular a criança e esta tem dificuldades em voltar a explorar. Este funcionamento parece ter ser influenciado por interações repetidas com as FVinc marcadas por inconsistência nas respostas aos pedidos de ajuda da criança. Por sua vez, Main (Main & Solomon, 1990) vem complexificar esta classificação, adicionando uma nova dimensão, a desorganização da vinculação. Em contextos relacionais nos quais a FVinc é também a figura que desencadeia medo na criança, dá-se um conflito entre dois impulsos da criança: a procura de proximidade em relação à FVinc (porque a criança está com medo) e fuga da FVinc (porque é a FVinc que origina o medo). Este conflito é irresolúvel, conduzindo a que a criança não desenvolva uma estratégia organizada de vinculação, potenciando trajetórias de vida desadaptativas ou mesmo psicopatologia (Lyons-Ruth & Jacobvitz, 2008).

irá desenvolver com outras pessoas (Berlin, Cassidy, & Appleyard, 2007). Assim, poderemos assistir a que esta criança não recorra à ajuda de um amigo ou familiar quando tem algum problema (porque tem a expectativa de que isso não vai resultar) e ainda que inicie padrões agressivos de interação com parceiros sociais (porque tem a expectativa de que lhe poderão fazer mal). Materializa-se assim, um modelo/expectativa de funcionamento das outras pessoas influenciado pelas relações de vinculação. No que toca ao modelo de si própria, a criança no cenário anterior, aprende que não é "grande coisa", porque senão seria digna de uma resposta parental carinhosa e afetiva. No que diz respeito ao modelo do mundo, desenvolve uma perspetiva negativa, na qual o mundo será imprevisível e perigoso.

Estes modelos internos são *dinâmicos* porque, como referi acima, quando a criança ou adolescente interage com outros indivíduos, estas expectativas irão influenciar a sua perceção da situação e o seu comportamento. Um bom exemplo disto vem da minha experiência como supervisora de equipas de lar, ao abrigo do Plano DOM. Muitas vezes, ouvi os relatos perplexos de muitos técnicos e educadores que referiam o seu grande envolvimento e investimento afetivo em certas crianças e que em resposta obtinham retraimento dos jovens, incapacidade de partilha dos afetos ou a ausência de pedidos de ajuda. Nestes casos, a criança age com os educadores com base nos modelos que tem das suas experiências anteriores e não em função do comportamento do adulto que está "à sua frente". No entanto, Bowlby (1969/1982) cunhou o termo modelos *dinâmicos* igualmente, porque previu que a construção de novas relações de vinculação poderia permitir a alteração destes, abrindo-se aqui espaço para a mudança ao longo de todo o ciclo vital da pessoa. É com base neste princípio que se considera que a intervenção em contexto institucional terá de ter, por objetivo principal, a construção de relações de qualidade com a criança. Estas podem emergir das ligações afetivas com os educadores ou técnicos, com os pares ou outras pessoas que frequentem os contextos no qual a criança está (e.g., escola). Não obstante, podem (e devem) passar igualmente pela melhoria das interações familiares ou, quando estas não são possíveis, pela criação de novos laços de vinculação, como é no caso da adoção ou do apadrinhamento.

No entanto, a mudança nestes modelos/expectativas (e consequentemente no comportamento da criança), mesmo perante novas experiências relacionais, é obviamente lenta. Mais uma vez, durante as minhas experiências de supervisão percebi que o grande envolvimento afetivo dos funcionários vinha muitas vezes acompanhado de uma expectativa irrealista sobre a rapidez da mudança do comportamento dos jovens. Um exemplo. O João de 12 anos é muito agressivo. Foi institucionalizado há 3 meses, mas está a fazer uma evolução positiva, muito em parte pelo envolvimento da Dona Maria e o carinho que este experiencia nesta relação. Inevitavelmente em situações mais exigentes, as crianças tendem a recorrer a modelos mais precoces de funcionamento. Assim, num desses eventos, no qual a Dona Maria repete que ele tem de arrumar o quarto que está todo desorganizado (mas nesse dia o João recebeu a notícia de que não vai de férias de Natal a casa dos pais e está terrivelmente desapontado) a criança diz à Dona Maria "quero que os teus filhos morram!" e atira-lhe com um livro dizendo "arruma tu o quarto!". A Dona Maria mostra-se muito surpreendida e magoada e diz "Eu dei tanto de mim a este jovem e agora ele faz-me isto! Nunca mais voltarei a fazer o que fiz por ele.". Nestas ocasiões eu costumava deixar no ar algumas perguntas de reflexão: "Então ele tem 12 anos de modelos de adultos à sua volta em quem ele não podia confiar e que condicionaram o desenvolvimento de comportamentos agressivos, acha que é possível em três meses mudar tudo isso?" (a resposta para quem tiver dúvidas é não); "Como é que acha que a criança se vai sentir se mudar a forma como interage com ela?"; "O que é que lhe vai ensinar sobre os adultos?" (a resposta é: que eu não presto porque não faço nada de jeito e os adultos são todos iguais, não são de confiar, porque se afastam sempre, quando eu mais preciso).

 A teoria da vinculação fornece-nos uma grelha para a compreensão do funcionamento dos jovens institucionalizados: faz pontes entre os défices relacionais presentes na sua história de vida (e.g., negligência parental) e o seu funcionamento atual. Neste sentido, a perspetiva transversal adotada neste capítulo, para a intervenção com crianças, passa primeiramente por compreender as dificuldades e carências sentidas por estas (intimamente ligadas à sua história de vida familiar). Estas dificuldades tornam-se patentes, designadamente, nas dificuldades para criar relações íntimas, confiar no outro ou lidar com as suas emoções. Segundamente, pela criação de relações, nomeadamente com os adultos da instituição, que permitam à criança desenvolver novas expectativas sobre os outros (e.g., "os adultos afinal estão lá quando eu preciso"), sobre si e sobre o mundo e que este contexto relacional fomente o seu desenvolvimento socioemocional e cognitivo. Por fim, e começando pelo princípio, pela constituição de relações seguras com os adultos que cuidam na instituição, será possível a satisfação de uma das necessidades básicas de uma criança em desenvolvimento, tal como a alimentação.

Como foi referido anteriormente, uma das preocupações frequentemente relatada pelos técnicos e educadores dos lares centra-se nas dificuldades em desenvolver nos jovens a capacidade para seguir regras de funcionamento, que se estendem desde a necessidade de lavar os dentes todos os dias, a não gozar o colega porque ele tem um atraso cognitivo. Por outro lado, sabe-se que a agressividade e desobediência a regras é cada vez mais uma problemática frequente nos jovens institucionalizados (Bravo & Del Valle, 2009). Por ambos os motivos, irei debruçar-me sobre esta temática específica, referenciando um modelo de intervenção de resolução de problemas colaborativamente (Greene, 2010; Greene & Ablon, 2006) desenhado para ajudar cuidadores a lidar com situações de necessidade de imposição de regras e limites mesmo com crianças com problemáticas do foro oposicional e agressivo.

Este modelo é de inspiração cognitivo-comportamental, mas afasta-se dos modelos de reforço e punição, incorporando investigações mais recentes sobre fatores cognitivos e emocionais envolvidos no controlo do comportamento, tais como o funcionamento executivo e a regulação emocional (Martin, Krieg, Esposito, Stubbe, & Cardona, 2008). Este modelo conceptualiza os perfis comportamentais oposicionais e agressivos como o resultado de défices em competências (Greene, 2010; Greene, & Ablon, 2006): funcionamento executivo (inatenção, pensamento desorganizado, dificuldades em lidar com transições), linguagem (linguagem expressiva e recetiva, dificuldades em expressar sentimentos), regulação emocional (irritabilidade, ansiedade, autoimagem distorcida), flexibilidade cognitiva (pensamento muito concreto, insistência na manutenção de tudo igual e/ou rotinas rígidas) e competências sociais (leitura distorcida de pistas interpessoais e dificuldades em perceber o ponto de vista do outro). Consequentemente a criança não é vista como teimosa ou "mazinha", mas sim como tendo competências em défice que não lhe permitem atuar de outra forma. Nas palavras do autor "Kids do well if they can" (Greene, 2010, p. 11). Assim, no contexto institucional, se o adulto cuidador pretende ter uma ação terapêutica, quando tem por objetivo levar a cabo o cumprimento de uma regra da instituição, deverá repensar a criança "mal comportada" e chamar-lhe "a criança em apuros, que me dá muita chatice". Deverá ajudá-la a desenvolver as competências que estão em falta, produto em larga escala da sua história de vida.

A intervenção
Este subcapítulo está dividido em duas partes. Na primeira, irei apresentar algumas especificidades da intervenção em contexto institucional com crianças pequenas[7]. Na segunda, poderão ser encontradas diretrizes transversais para a intervenção em qualquer faixa etária.

Especificidades do acolhimento de crianças pequenas
Tendo em conta a revisão feita anteriormente sobre os fatores que parecem contribuir para que o contexto institucional seja prejudicial para o desenvolvimento de crianças pequenas, a intervenção terá como principal objetivo colmatar essas lacunas. Neste sentido, tem sido demonstrado que as intervenções nas instituições de acolhimento que têm maior impacto no desenvolvimento saudável das crianças são aquelas que implementam mudanças estruturais e treino à equipa de cuidadores (Rutter, 2008). As mudanças estruturais são fundamentais, pois irão sustentar interações educador-criança de qualidade (Groark & Mccall, 2011; St. Petersburg–USA Orphanage Research Team, 2008). Por sua vez, a promoção de cuidados responsivos e sensíveis irão potenciar o desenvolvimento socioemocional (e.g., desenvolvimento de uma relação de vinculação, aquisição de normas sociais), cognitivo (e.g., QI) e físico (e.g., altura, circunferência do peito e peso) das crianças (Crockenberg, 2008). Para um aprofundamento das intervenções descritas na literatura podem ser consultados, por exemplo, os projetos nos países da américa central (Groark & Mccall, 2011) e do grupo St. Petersburg–USA Orphanage Intervention Study (2008). Este último é um estudo quase-experimental com materiais de intervenção disponíveis online[8].

---

[7] Crianças pequenas são definidas, de forma mais ou menos arbitrária, como tendo menos de 6 anos.
[8] www.fairstart.net

A intervenção estrutural

Uma intervenção estrutural no contexto de acolhimento implica mudanças na organização física dos espaços, nas condições de emprego e horários de trabalho, nos procedimentos institucionais, entre outros. Como tal, para a sua realização a mobilização da instituição como um todo, das chefias aos cuidadores, é essencial.

Estes focos de mudança irão permitir que os cuidados prestados às crianças resultem de relações mais próximas e consistentes entre os educadores e as crianças (St. Petersburg–USA Orphanage Research Team, 2008). Um dos pontos-chave para que isto aconteça é a redução do número de cuidadores com quem a criança interage durante a semana e durante a sua estadia no lar. Esta medida é fulcral para que seja possível o desenvolvimento de uma relação preferencial com algum cuidador, ou seja, uma relação de vinculação. Referimos anteriormente a importância vital deste laço para o crescimento salutar de uma criança. Assim, será necessário que um, de poucos cuidadores principais (St. Petersburg–USA Orphanage Research Team, 2008), esteja (quase) sempre presente. Para a maioria das pessoas que trabalha num centro de acolhimento temporário esta parece uma diretriz impossível de concretizar. No entanto, isto é possível como documentam os programas de intervenção referidos anteriormente (Groark & Mccall, 2011; St. Petersburg–USA Orphanage Research Team, 2008). Obviamente, no início as mudanças são vividas com reticências por parte da direção e algum desagrado por parte dos funcionários do lar, pois implicam a alteração de horários e rotatividades instaladas durante muitas décadas. No entanto, a intervenção de St. Petersburg–USA Orphanage Research Team (2008) relata que no final da intervenção os cuidadores reportaram efeitos positivos como a redução de stress laboral e *burnout*, ansiedade, depressão e maior facilidade em trabalhar com crianças portadoras de deficiência.

Assim, como exemplo, podemos apontar os horários de trabalho da St. Petersburg–USA Orphanage Research Team (2008). Foram designados dois cuidadores principais para um grupo de crianças que tinham de trabalhar 5 dias por semana: 4 dos dias por 7 horas e 1 dos dias por 12 horas (este seria o dia no qual o outro cuidador principal tinha o seu dia de folga). Cada um dos cuidadores tinha um turno sempre no mesmo horário, o *cuidador 1* das 7h30m da manhã às 14h30m e o *cuidador 2* das 13h30m às 20h30m. Desta forma é possível estabelecer uma rotina, na qual as crianças podem identificar previsibilidades e, com estas, construir um sentimento de segurança naquele espaço: a) o *cuidador 1* está de manhã e de tarde está o *cuidador 2* (para além dos cuidadores principais, existem outros obviamente); b) durante 13 horas do seu dia, nas quais a criança está acordada, sabe quem vai cuidar de si. Assim, criam-se as condições para que a criança possa desenvolver um laço de vinculação com quem lhe presta os cuidados. Naturalmente que este é um exemplo, entre muitos outros, que podem ser construídos e que se adaptem às condicionantes de cada país e instituição (Groark & Mccall, 2011).

Outra mudança estrutural vital é a diminuição do rácio cuidador/criança e dos espaços que a criança habita (Groark & Mccall, 2011; St. Petersburg–USA Orphanage Research Team, 2008). Grupos pequenos de crianças (5/7 crianças) devem habitar um conjunto de divisões (e.g., quarto, refeitório) de pequena dimensão, por forma a aumentar a interação diádica criança-cuidador. Um número reduzido de divisões que as crianças ocupam e nas quais não têm de se misturar com outras crianças e funcionários que não são os seus, vai favorecer o contacto individualizado da criança com os *seus* cuidadores. Por outro lado, promove a autonomia das crianças, que é fundamental para o seu bem-estar e desenvolvimento emocional e cognitivo. Se a criança estiver familiarizada com os locais onde passa o seu tempo, onde há poucas pessoas e as pessoas são conhecidas, irá mais facilmente sentir-se competente e sem medo para o explorar. Outras diretrizes podem ser seguidas para potenciar os pontos anteriores: 1) diminuição da utilização dos berços grandes ou parques (*playpens*), os quais favorecem que as crianças sejam deixadas sozinhas sem interação com os adultos; 2) não favorecer a mudança de grupo de uma criança porque ela atingiu uma certa idade, porque isso implica uma adaptação recorrente a novos cuidadores, colegas de sala e ambientes; 3) criar grupos heterógenos de idade e deficiência, que permitam a manutenção dos grupos com um número de crianças estável, pois uma criança nova que entre para a instituição irá ser atribuída ao grupo que tenha menos crianças (e não ao grupo da sua idade), diminuindo a sobrecarga dos cuidadores e eficiência dos mesmos. Outra mudança estrutural passa pela constituição do que se denomina por "horas em família" nas quais o acesso às salas das crianças fica mais ou menos vedado, para que não haja interrupções das interações entre cuidador e a criança (Groark & Mccall, 2011; St. Petersburg–USA Orphanage Research Team, 2008).

Intervenção para a promoção de interações cuidador-criança de qualidade
Para que a prestação de cuidados seja adequada é necessário que os cuidadores tenham conhecimentos sobre o desenvolvimento das crianças e formação específica sobre as características das interações adulto-criança que fomentam esse desenvolvimento. Relativamente a esta última dimensão é imprescindível que estas formas de interagir com as crianças sejam treinadas em contexto real, já que uma aprendizagem somente teórica poderá ter um impacto nulo. A investigação refere igualmente a necessidade de supervisão para que estes conhecimentos sejam operacionalizados em mudanças comportamentais e estas mantidas ao longo do tempo, bem como a necessidade de assegurar as condições de trabalho destes profissionais, a quem muito é exigido do ponto de vista emocional e físico (Groark & Mccall, 2011; St. Petersburg–USA Orphanage Research Team, 2008).

O resultado esperado desta formação é que os cuidadores se tornem socialmente mais responsivos às crianças durante todas as interações do dia a dia (desde o mudar a fralda, ao jogo, entre outras) e consigam compreender melhor e ajustar o seu comportamento ao funcionamento e nível e desenvolvimento de uma criança específica (St. Petersburg–USA Orphanage Research Team, 2008).

De seguida, serão sumariados alguns dos objetivos de intervenção com os cuidadores do programa St. Petersburg–USA Orphanage Research Team (2008): 1) promoção de interações individuais mais carinhosas, mais afetuosas e responsivas às crianças; 2) valorização do respeito pelo ritmo da criança e não imposição de forma indiscriminada do ritmo e regras da instituição; 3) aumento da capacidade do adulto para promover a criatividade e independência na criança (e não somente obediência e conformidade); 4) promoção de competências para que o educador seja mais disponível, sensível, responsivo emocionalmente durante todos os aspetos de prestação de cuidados; 5) aprendizagem de competências para os cuidados de crianças portadoras de deficiência, nomeadamente, como posicionar as crianças para o favorecimento da interação continuada com os adultos.

Diretrizes gerais da intervenção com crianças institucionalizadas
A intervenção com crianças mais velhas e adolescentes institucionalizadas em LIJ está menos estudada e validada. Entre outras fontes, este subcapítulo

foi construído com base na investigação desenvolvida no contexto espanhol[9] (Bravo & Del Valle, 2009; Del Valle, 2009), nos manuais de gestão da qualidade das respostas sociais da Segurança Social Portuguesa[10] (Instituto da Segurança Social, s.d.), no *Manual de Boas Práticas: Um Guia para o Acolhimento Residencial das Crianças e Jovens*[11] (Grupo de Coordenação do Plano de Auditoria Social & CID, 2003) e na minha experiência direta em LIJs portugueses, nos quais tenho vindo a desempenhar funções de supervisão de equipas técnicas e educativas.

O busílis da intervenção: A importância das relações, o trabalho em equipa e os projetos de vida
Quando as condições de vida da criança são de tal maneira prejudiciais para si (daí a denominação de *perigo* presente na lei), o estado português depara-se com a responsabilidade de a retirar à família original, mesmo que momentaneamente. Assim, as funções de cuidado e promoção do seu desenvolvimento cognitivo, afetivo, emocional e social passam a ser da responsabilidade da instituição de acolhimento. Desta forma se entende que o acolhimento institucional não pode limitar-se à satisfação de necessidades relacionadas com a educação escolar, alimentação, saúde, roupa e abrigo. Décadas de investigação demonstram que para que uma pessoa possa desenvolver as suas características mais humanas, como a empatia, a sociabilidade, a linguagem ou outras competências sociocognitivas mais complexas, necessita de ser enquadrada num ambiente social estimulante e securizante (Panfile & Laible, 2012). Esta necessidade é, portanto, tão vital como as anteriores. A intervenção no contexto institucional baseia-se, como explicitado na introdução teórica, na construção de relações positivas, nomeadamente com adultos cuidadores atentos e responsivos às necessidades individuais de cada criança. Desta forma, os educadores das crianças institucionalizadas são a base do processo terapêutico. Nem sempre, no entanto, lhes é reconhecido esse papel, o que é visível, por exemplo, nos seus baixos salários.

Neste sentido, a função de cada técnico ou educador numa instituição de acolhimento não pode ser totalmente específica, pois qualquer adulto que

---

[9] Ver também http://www.gifi.es/anio.php
[10] http://www2.seg-social.pt/left.asp?05.18.08.02
[11] http://www2.seg-social.pt/left.asp?05.18.08.05

entre em contacto com a criança pode tornar-se numa figura de referência para esta. A intervenção terá de resultar de um trabalho colaborativo, em equipa, entre técnicos e educadores, pautado por uma mesma compreensão do caso de cada criança e por uma confluência e implementação de diretrizes de intervenção.

Nesta linha de ideias, julgo que uma das grandes contribuições do psicólogo numa instituição de acolhimento, para além da intervenção direta que poderá fazer com as crianças individualmente ou em grupo (entre outros), deverá centrar-se na formação de toda a equipa com conhecimentos da área da psicologia, especificamente em psicopatologia do desenvolvimento (Cicchetti & Toth, 2009). O domínio destes conteúdos por parte de todos os profissionais vai permitir melhorar a sua compreensão do comportamento das crianças à luz da sua história de desenvolvimento, das suas potencialidades e carências afetivas, sociais, físicas ou cognitivas. Facilmente uma criança que não obedece e é desafiante pode ser compreendida por um educador como uma criança que é assim, porque nasceu assim, quando este nada sabe da sua história de vida e das teorias psicológicas e resultados de investigação que explicam o impacto que as experiências de vida têm no desenvolvimento de uma criança. E, obviamente, esta compreensão ou a sua ausência, irá ter repercussões na forma como este cuidador vai relacionar-se com a criança.

A implementação desta perspetiva implica que sejam discutidas, em equipa, as especificidades de cada jovem. Nestas sessões, é possível o desenvolvimento de competências em educadores e técnicos no que diz respeito ao domínio da psicopatologia do desenvolvimento (e.g., como é que ser negligenciado limita o desenvolvimento do controlo de emoções e comportamentos) através da exploração de casos individuais. Para além disso, fomenta-se a aquisição de competências sobre a identificação das necessidades psicológicas e desenvolvimentais das crianças permitindo que a equipa técnica tenha conhecimento de muitas carências/forças destas que, por vezes, só se tornam visíveis nas interações repetidas do quotidiano a que os educadores têm acesso. Por fim, estas reuniões favorecem igualmente a elaboração de planos de intervenção realistas, emergentes do conhecimento científico de cada técnico da instituição, mas também da experiência e das oportunidades perspetivadas por educadores que contactam com as crianças no dia a dia. Esta dimensão é fundamental, já que se pretende que o plano de intervenção seja implementado por diferentes intervenientes da instituição, em contextos diferentes, de formas diferentes, mas almejando o cumprimento de objetivos comuns.

As mudanças no acolhimento institucional verificadas nas últimas duas décadas defendem, como já foi referido, que este contexto seja de intervenção e não de simples guarda das crianças (Bravo & Del Valle, 2009). Este objetivo fundamental é operacionalizado na elaboração do seu projeto de vida de forma célere e eficaz, já que a resposta de acolhimento institucional quer-se de curta duração (Amaro, 2008; Bravo & Del Valle, 2009). Este projeto de vida passa eminentemente pela adoção, apadrinhamento familiar, autonomia de vida ou pela reintegração familiar. A adoção plena refere-se ao estabelecimento de um vínculo semelhante ao da filiação entre o adotante e o adotado, extinguindo--se as relações familiares anteriores entre o adotado e os seus ascendentes. No caso do apadrinhamento civil, o vínculo à família biológica não se perde, mas os padrinhos exercem poderes e deveres próprios dos pais. A autonomia de vida refere-se à capacitação do jovem para a sobrevivência pelos seus próprios meios, implicando um conjunto de atividades por parte da instituição de apoio sociopedagógico que o habilitem a viver sozinho.

Irei demorar-me um pouco mais na exploração dos objetivos da reintegração familiar. Muitas famílias, se forem alvo de intervenção, poderão ver revertidas algumas das facetas que conduziram à institucionalização de um ou mais dos seus filhos. No entanto, só será possível verificar se a família de origem tem potencial de mudança se houver um envolvimento dos técnicos da instituição no desenho de um plano de intervenção e na sua implementação. Se este trabalho técnico for de qualidade, respeitando as necessidades da família em questão e as suas características, e se a família não cooperar, então obtemos algumas evidências de que a criança deve ser conduzida para outro projeto de vida, como a adoção, o apadrinhamento ou a autonomia. No entanto, considero que a intervenção parental é uma das dimensões de intervenção menos frequentes nas instituições de acolhimento, o que revela uma lacuna importante no serviço prestado às crianças acolhidas.

A intervenção parental implica que a equipa técnica inicie tentativas de estabelecimento de uma relação de colaboração com a família, o mais cedo possível (Del Valle, 2009b). Esta não é uma tarefa fácil, já que as famílias a quem foram retiradas as suas crianças são muitas vezes hostis para com os técnicos ou estão muito fragilizadas e deprimidas (Del Valle, 2009b), o que em ambos os casos dificulta o processo de intervenção. Assim, salvo situações específicas decretadas por tribunal ou por decisão da criança, a instituição deve favorecer um contacto frequente da família com a criança (Del Valle, 2009b) e tornar estes encontros em momentos de intervenção. As necessidades de cada família são idiossincráticas, mas podemos enumerar alguns objetivos gerais de intervenção: 1) consciencialização parental sobre os problemas que levaram à institucionalização; 2) treino de competências parentais e melhoria das interações familiares (e.g., colocar-se no ponto de vista da criança, interações menos coercivas, fazer uma alimentação equilibrada...); 3) desenvolvimento de competências para a utilização de recursos do seu contexto de vida (e.g., utilização do banco alimentar contra a fome); 4) treino de competências específicas (e.g., como se comportar numa entrevista de emprego), entre outros (ver Del Valle, 2009b).

Lidar com os sentimentos de abandono com a ajuda do adulto
As crianças retiradas à família são forçadas a lidar com uma experiência de vida difícil de elaborar psicologicamente (Visa, 2009). São muitos os sentimentos possíveis. A criança pode sentir-se abandonada e rejeitada porque a família "permitiu" (mesmo que não tenha dado o consentimento), revoltada contra as autoridades e instituição que a retiraram de casa, revoltada e deprimida porque as figuras parentais fizeram-lhe mal (e.g., abuso físico ou sexual), mas é ela que fica sem a sua casa, sem a sua escola, sem os seus amigos, receosa porque não sabe o que é que a espera naquela casa nova, com novas pessoas e novas regras, entre outros. O processo de elaboração (de dar sentido) destas experiências, receios e emoções fortes e negativas é potenciado, obviamente, pela criação de espaços de diálogo onde estas preocupações e outras dúvidas possam ser escutadas por adultos recetivos. No entanto, por vezes, identificamos a tendência que os educadores e técnicos das instituições têm para não falar com as crianças sobre os motivos que as levaram à sua institucionalização, com a justificação: "para que não sofra ainda mais". Mas a questão põe-se: uma criança institucionalizada não pensa nisso, mesmo que eu não lhe pergunte? (a resposta é, claro que pensa!). Quem é que não quer lidar com o mal-estar da criança? Será ela própria ou o adulto que também sofre ao testemunhar a dor da criança? Tendo em conta o impacto nefasto que estas experiências podem ter para uma criança e mantendo presente que, prova-

velmente, esta já tem menos recursos para lidar com eventos afetivos de alto impacto (como vimos acima a propósito dos comportamentos agressivos e oposicionais) parece fazer sentido que o adulto tenha de ter um papel ativo na ajuda à criança para processar estes acontecimentos e afetos. É num contexto apoiante e não julgador que isto pode ser possível.

Aquisição de competências para o controlo do comportamento e regulação de emoções
Para que uma criança seja capaz de controlar o seu comportamento e emoções (e.g., obedecer a um adulto) tem de adquirir um número vasto de competências (Greene, 2010), muitas delas emergentes das transações com os seus pais e mães (Carvalho, Martins, Martins, Osório, & Soares, 2012). Em contextos relacionais de pior qualidade, frequentes nas crianças que necessitam de ser institucionalizadas, é expectável que estes processos estejam comprometidos. Desta forma, um dos focos de intervenção no contexto institucional será o de desenvolvimento destas competências.

Para que este objetivo seja implementado é, em primeiro lugar, *necessária a construção de uma relação de afeto com os cuidadores do contexto institucional*. A criança só poderá aprender formas socialmente mais adaptadas de lidar com as suas emoções e com os outros se existirem adultos que se mostrem como modelos destes processos (e.g., resolvem os conflitos sem agressão física). Igualmente, a construção de uma relação positiva com os cuidadores favorece a interiorização de regras e normas sociais por estes veiculadas. Finalmente, o adulto ao garantir a segurança emocional e física da criança (por exemplo, impedindo que outra criança ou adulto o trate mal) irá diminuir sentimentos de medo, que por si só potenciam a diminuição de respostas agressivas por parte da criança. Assim, de dentro de relações com educadores ou técnicos, o desenvolvimento de competências de controlo do comportamento e de regulação das emoções que estão em défice, na grande maioria das crianças institucionalizadas, passa nomeadamente por ajudar a criança a compreender o que está a sentir e a desenvolver formas adaptativas de o expressar e partilhar (López, 1995).

O desenvolvimento destas dimensões socioemocionais é potenciado pela forma como os adultos ajudam as crianças a lidar com situações em que estas têm de obedecer a regras da instituição ou outras. O método de resolução de problemas colaborativamente (Greene, 2010; Greene & Ablon, 2006) formaliza esse comportamento dos adultos. Este implica compreender que o comportamento desajustado da criança (e.g., desobedecer) tem subjacente lacunas desenvolvimentais nas áreas das competências de funcionamento executivo, linguagem, regulação emocional, flexibilidade cognitiva e competências sociais, entre outras e que, portanto, a criança não faz melhor porque não consegue (Greene, 2010).

Mas como é que este modelo pode ser implementado em contexto institucional de acolhimento? De uma forma muito resumida, passa, em primeiro lugar, por discutir em equipa a história de vida da criança e o motivo de institucionalização, para que lançando mão da investigação em psicopatologia do desenvolvimento seja possível compreender como é que a história de cuidados se relaciona com os pontos fortes e lacunas desenvolvimentais desta criança. Em segundo lugar, é necessário refletir sobre o funcionamento da criança, nomeadamente nas situações que desencadearam o comportamento explosivo ou desobediente da criança. A resolução de problemas colaborativamente (Greene, 2010; Greene & Ablon, 2006) permite a identificação das situações ou acontecimentos que precipitam ou antecedem as respostas desajustadas da criança. Assim, a intervenção passa por uma diminuição da escalada dos conflitos, porque os adultos irão identificar estes precipitantes e tentarão agir de forma antecipatória, fornecendo à criança competências de resolução de conflitos e estratégias para lidar com a raiva, processamento emocional, entre outras (Martin, Krieg, Esposito, Stubbe, & Cardona, 2008). Em vez de recorrermos a estratégias de recompensa e punição que são posteriores ao comportamento, tenta-se agir proativamente para que o comportamento diminua de frequência ou não se inicie. Esta estratégia de intervenção tem demonstrado eficácia, por exemplo, ao diminuir métodos de intervenção que implicavam o isolamento e a restrição física de crianças em idade escolar numa unidade de internamento psiquiátrico (Martin et al., 2008).

É possível descortinar as dificuldades da criança que estão subjacentes aos comportamentos desajustados e traçar-se um plano de intervenção para potenciar a resolução dessas lacunas e consequentemente diminuição de comportamentos de desobediência. Mas este trabalho implica, adicionalmente às reuniões de equipa, a intervenção direta com a criança. Muitas vezes, as necessidades e receios da criança não são claros para os adultos que com ela convivem. Partilho um exemplo. Um jovem de 16 anos é transferido de uma instituição de acolhimento para outra, como consequência do seu funcionamento agressivo e desobediente. Na primeira noite não aceita ir deitar-se à hora prevista da instituição. Os educadores e técnicos presentes suspeitam que este comportamento é uma evidência de que realmente este jovem é um "desordeiro", tal como foi descrito pelos técnicos que o acompanharam na instituição anterior. Depois de todos os outros jovens se terem recolhido aos seus quartos, houve um educador que se aproximou do jovem e que encetou uma conversa sobre a mudança para esta nova casa e o motivo pelo qual ele se recusava ir deitar. O rapaz refere que, quando foi institucionalizado pela primeira vez, os rapazes dessa casa lhe tinham feito uma "praxe" durante a noite e que desde esse momento, a noite era sempre por ele vivida com muita angústia. O educador tentou negociar com ele uma forma de se ir deitar, na qual ele se sentisse mais seguro e chegaram à conclusão que uma forma seria ele ir dormir não para o quarto que inicialmente lhe tinha sido atribuído, mas para um quarto vago que ficava mais próximo da sala do educador. E, desta forma, o jovem foi dormir.

A história anterior evidencia a importância do adulto tentar compreender quais são as dificuldades e receios que a criança tem, para que se consiga modificar padrões comportamentais. Ilustra, também, a forma identificada por Greene (2010; Greene & Ablon, 2006) para lidar com esses comportamentos, ao mesmo tempo que potenciamos novas competências na criança. A esta estratégia colaborativa de resolução de problemas denominou de *Plano* B, já que o *Plano A* corresponde à imposição da vontade do adulto e o *Plano C* a deixar que a expectativa ou ordem do adulto não seja cumprida por agora (Greene, 2010). No *Plano* B a criança é envolvida na resolução do problema, para que a solução seja mutuamente satisfatória (para o adulto e para a criança). Este plano envolve 3 passos. O 1º. passo – empatia com a criança – refere-se à recolha de informação sobre o problema por resolver (e.g., jovem não quer ir deitar-se): "Estou a perceber que está a ser difícil para ti, ires para a cama a esta hora. O que é que se passa?" Igualmente, com as hipóteses interpretativas geradas nas reuniões de equipa sobre a história de vida e precipitantes do comportamento da criança, referidas anteriormente, é possível detetar situações recorrentes que desencadeiam comportamentos menos adaptativos e podemos perguntar: "Olha, eu tenho reparado que nesta situação tu ficas nervoso. O que é que se passa?". Neste passo, é imperativo que se façam questões neutras, com o objetivo de compreender o que poderá estar a perturbar a criança, ou que exigência é que a situação lhe poderá estar a colocar que seja demasiado elevada para os seus recursos (que podem ser muito poucos). O 2º Passo – definição do problema – implica comunicar à criança a sua preocupação ou a perspetiva sobre o problema: "Preocupa-me que não vás dormir porque amanhã tens de te levantar cedo, mas percebo que não queiras ir para a cama, porque tens receio que algum menino te vá fazer mal durante a noite" (inclui-se o resumo da preocupação da criança). O 3º Passo – convite – implica trocar ideias com a criança no sentido de concordarem numa solução conjunta que irá responder às preocupações de ambos. Assim, podemos perguntar: "Tens alguma ideia de como podíamos fazer isto? De ires dormir, mas sentires-te seguro?". A solução nunca pode ser pré-determinada pelos educadores. Esta solução tem de ser realista e mutuamente satisfatória. Desta forma, é possível estimular a construção de recursos emocionais e comportamentais na criança, ao mesmo tempo que se diminuem os momentos de incumprimento a regras. Evidentemente, é um processo longo e que não garante resultados na primeira vez que é utilizado, pois acarreta mudanças mais ou menos profundas no funcionamento das crianças, mas também, na forma de lidar com os problemas pelos técnicos e educadores.

Fomentar as redes sociais
A intervenção com crianças e adolescentes passa por promover relações de qualidade com pares e com adultos. As crianças têm de desenvolver um sentimento de pertença e o sentimento de marginalização tem de ser minorado (Visa, 2009). As relações de amizade devem ser potenciadas pelos adultos dentro e fora do lar. Dentro do lar, pelo reforço de comportamentos prossociais, de cooperação entre os jovens, permitindo que os utentes do lar possam trazer amigos de fora para dentro da instituição (e.g., para a sua festa de anos). O namoro inclui-se dentro deste âmbito. É importante que os cuidadores das instituições conheçam os namorados para, nomeadamente, aumentar a supervisão destas relações. Este acompanhamento é preditor de melhor adaptação na adolescência (Dodge et al., 2009). Fora da instituição, o lar pode potenciar a rede social da criança favorecendo a participação desta em atividades extracurriculares, como os campos de férias, bem como em atividades rotineiras de qualquer criança: ir a festas de anos e jantares de anos. Estas redes

socias permitem à criança desenvolver laços de amizade fora do contexto institucional, criando-se oportunidades para receber apoio social, desfrutar de tempos livres, sentir-se aceite e igual aos meninos que vivem em casa dos seus pais. Isto potencia, obviamente, o bem-estar e desenvolvimento saudável das crianças (López, 1995). O desenvolvimento de redes sociais diversificadas permite igualmente que a criança e o adolescente tenham oportunidades de interação com pares não desviantes. Uma criança que na escola se associa a "más companhias" pode, por frequentar uma escola de música na qual tem um grupo de amigos não desviantes, bem como por ter uma relação com um professor de qualidade, beneficiar destas diferentes experiências permitindo que acabe por adotar papéis sociais adaptativos.

É igualmente fundamental que os educadores e técnicos da instituição desenvolvam relações positivas com a comunidade em que estão inseridos, com os professores na escola, com os polícias ou outros intervenientes sociais. Para além deste processo favorecer a utilização dos recursos da comunidade em prol das crianças, também poderá propiciar a emergência da figura de referência para estas, fora do contexto institucional e familiar. Estas relações poderão converter-se num recurso afetivo importante para alguma criança, propiciando-lhe saídas ao fim de semana, nas férias ou ocasiões festivas, ou quem sabe, um apadrinhamento familiar.

Conclusões

Como foi sendo referido ao longo deste texto, a institucionalização é uma medida de proteção de crianças e jovens que impõe desafios acrescidos ao seu desenvolvimento, daí que se preconize como uma resposta tendencialmente temporária. Quanto mais jovem for a criança, mais estas condições de acolhimento se podem afastar do ambiente que garante a satisfação das suas necessidades socioemocionais (Smyke et al., 2009). No entanto, podemos identificar em Portugal alguns fatores que, à imagem de outros países, fomentam a necessidade de utilização desta medida. Por um lado, a rede de famílias de acolhimento é escassa e carece de um programa de formação bem estruturado. Por outro, certas necessidades das crianças poderão ter de ser supridas por técnicos e contextos especializados, muitas vezes, somente acessíveis em ambiente institucional (Bravo & Del Valle, 2009).

Dada a importância da qualidade da relação dos adultos da instituição com as crianças para o seu desenvolvimento saudável, importa refletir sumariamente sobre estes profissionais. As suas condições de trabalho nem sempre são as melhores. Por exemplo, no caso específico dos educadores, os seus salários são tendencialmente baixos, contrastando com o elevado ritmo de trabalho durante os turnos e com as exigências emocionais que lhe são feitas (Groark & Mccall, 2011; St. Petersburg–USA Orphanage Research Team, 2008). Para além disso, muitas vezes, não lhes é reconhecido o seu papel primordial na intervenção terapêutica, ao não serem envolvidos no desenho e implementação de estratégias de intervenção com os jovens institucionalizados. Igualmente, educadores raramente têm formação nas áreas do desenvolvimento infantil e na prestação de cuidados (muitas vezes a sua escolaridade é baixa). A equipa técnica, por sua vez, nem sempre têm formação específica sobre as metodologias de intervenção em contexto institucional, ou sobre as problemáticas mais frequentes nestas crianças. Estas lacunas levantam questões éticas relevantes sobre o acolhimento desta população, que pela sua idade e história de vida se encontra já muito fragilizada.

A intervenção com crianças institucionalizadas implica o desenvolvimento de relações estáveis e de qualidade com adultos e outros jovens. Resumidamente, estas relações vão permitir à criança: 1) ajustar-se a um contexto novo (lar), garantindo o desenvolvimento de um sentimento de segurança; 2) a construção de novos modelos de relação, contrastantes com os emergentes de relações familiares negligentes ou abusivas, que poderão propiciar a alteração de padrões de comportamento dos jovens e trajetórias de vida, daí para a frente; 3) aquisição de novas competências que não foram adquiridas anteriormente (e.g., regulação de emoções, valores sociais, etc.). Neste capítulo, justifiquei esta perspetiva lançando mão, nomeadamente dos pressupostos da teoria da vinculação e do modelo de resolução de problemas colaborativamente. Inevitavelmente, muito fica por explorar.

Referências

Ainsworth, M., Blehar, M., Waters, E., & Wall, S. (1978). *Patterns of attachment: A psychological study of the strange situation*. Hillsdale: Erlbaum.

Amaro, J. F. (2008). Encontro o acolhimento de crianças e jovens em instituição: perpectivas, desafiso e paradigmas. *Pretextos, 30*, 7-8.

Berlin, L. Cassidy, J., & Appleyard, K. (2008). The influence of early attachments on other relationships. In J. Cassidy, & P. R. Shaver (Eds.), *Handbook of attachment: Theory, research, and clinical applications* (2nd ed., pp. 333-347). New York: Guilford.

Bakermans-Kranenburg, M. J., van IJzendoorn, M. H., & Juffer, F. (2008). Earlier is better: A meta-analysis of 70 years of intervention improving cognitive development in institutionalized children. *Monographs of the Society for Research in Child Development, 73*, 279-293. doi:10.1111/j.1540-5834.2008.00498.x

Bos, K., Zeanah, C. H., Fox, N. A., Drury, S. S., McLaughlin, K. A., & Nelson, C. A. (2011). Psychiatric outcomes in young children with a history of institutionalization. *Harvard Review of Psychiatry, 19*, 15-24. doi:10.3109/10673229.2011.549773

Bowlby, J. (1969). *Attachment and loss: Attachment*. London: Basic Books (edição revista, 1982).

Bravo, A., & Del Valle, J. F. (2009). Crisis y revisión del acogimiento residencial: su papel en la protección infantil. *Papeles del Psicólogo, 30*(1), 1-91.

Bravo, A., & Del Valle, J.F. (Eds.) (2009). Intervención socioeducativa en acogimiento residencial. Santander: Gobierno de Cantabria.

Bravo, A., & Del Valle, J. F. (2009). Crisis and review of residential child care. Its role in child protection. *Papeles del Psicólogo, 30*(1), 42-52.

Carvalho, M. J, Martins, E. C., Martins, C., Osório, A., & Soares, I. (2012). *Compliance at age 3: Individual characteristic or relationship specific?* Manuscript submitted for publication.

Carvalho, M., Martins, E. C., Neves, L., & Soares, I. (2007). Vinculação e emoções. In I. Soares (Ed.), *Relações de vinculação ao longo do desenvolvimento: Teoria e avaliação* (pp. 159-191). Braga: Psiquilíbrios.

Cicchetti, D., & Toth, S. L. (2009). The past achievements and future promises of developmental psychopathology: The coming of age of a discipline. *Journal of Child Psychology and Psychiatry, 50*, 16-25. doi:10.1111/j.1469-7610.2008.01979.x

Crockenberg, S. C. (2008). How valid are the results of the St. Petersburg–USA orphanage intervention study and what do they mean for the world's children?

Monographs of the Society for Research in Child Development, 73, 263-270. doi:10.1111/j.1540-5834.2008.00496.x

Del Valle, J.F. (Ed.). (2009a). Intervención psicosocial en protección a la infancia. [Número especial]. *Papeles del Psicólogo, 30*(1), 391-458.

Del Valle, J.F. (2009b). Cómo potenciar la reunificación familiar desde los centros y hogares de protección. A. Bravo & J.F. Del Valle (Eds.), *Intervención socioeducativa en acogimiento residencial* (pp. 115-132). Santander: Gobierno de Cantabria.

Dodge, K. A., Malone, P. S., Lansford, J. E., Miller, S., Pettit, G. S., & Bates, J. E. (2009). A dynamic cascade model of the development of substance-use onset. *Monographs of the Society for Research in Child Development, 74*, 1-130. doi: 10.1111/j.1540-5834.2009.00529.x

Dozier, M., & Rutter, M. (2008). Challenges to the development of attachment relationships faced by young children in foster and adoptive care. In J. Cassidy, & P.R. Shaver (Eds.), *Handbook of attachment: Theory, research, and clinical applications* (2nd ed., pp. 698–717). New York: Guilford.

Greene, R. W., & Ablon, J. S. (2006). *Treating explosive kids: The collaborative problem-solving approach*. New York: Guilford Press.

Greene, R.W. (2010). *The explosive child: A new approach for understanding and helping easily frustrated, "chronically inflexible" children (3rd ed.)*. New York: HarperCollins.

Groark, C. J., & Mccall, R. B. (2011). Implementing changes in institutions to improve young children's development. *Infant Mental Health Journal, 32*, 509-525. doi:10.1002/imhj.20310

Grupo de Coordenação do Plano de Auditoria Social, & CID - Crianças, Idosos e Deficientes - Cidadania, Instituições e Direitos. (2003). *Manual de boas práticas: Um guia para o acolhimento residencial das crianças e jovens*. Lisboa: Instituto da Segurança Social.

Kobak, R., & Madsen, S. (2008). Disruptions in attachment bonds: Implications for theory, research, and clinical intervention. In J. Cassidy, & P. R. Shaver (Eds.), *Handbook of attachment: Theory, research, and clinical applications* (2nd ed., pp.23–47). New York: Guilford.

López, F. (1995). *Necesidades de la infancia y protección infantil. Fundamentación teóricas, clasificación y criterios educativos*. Madrid: Ministerio de Asuntos Sociales.

Lyons-Ruth, K., & Jacobvitz, D. (2008). Attachment disorganization: Genetic factors, parenting contexts, and developmental transformation from infancy to adulthood. In J. Cassidy, & P. R. Shaver (Eds.), *Handbook of attachment: Theory, research, and clinical applications* (2nd ed., pp. 666-697). New York: Guilford.

Instituto da Segurança Social. (s.d.). *Manual de processos chave: Lar de infância e juventude*. Lisboa: Instituto da Segurança Social.

Main, M., & Solomon, J. (1990). Procedures for classifying infants as disorganized/disoriented during the Ainsworth Strange Situation? In M. Greenberg, D. Cicchetti & E. Cummings (Eds.), *Attachment in the preschool years* (pp. 121-160). Chicago: Chicago University Press.

McCall, R. B., Groark, C. J., Fish, L., Harkins, D., Serrano, G., & Gordon, K. (2010). A socioemotional intervention in a Latin American orphanage. *Infant Mental Health Journal, 31*, 521-542. doi:10.1002/imhj.20270

Ministério do Trabalho e da Solidariedade. (2000). *Crianças e jovens que vivem em lar: Caracterização sociográfica e percursos de vida*. Lisboa. Instituto para o Desenvolvimento

Merz, E. C., & McCall, R. B. (2011). Parent ratings of executive functioning in children adopted from psychosocially depriving institutions. *Journal of Child Psychology & Psychiatry, 52*, 537-546. doi:10.1111/j.1469-7610.2010.02335.x

Panfile, T. M., & Laible, D. J. (2012). Attachment security and child's empathy: The mediating role of emotion regulation. *Merrill-Palmer Quarterly, 58*, 1-21.

Pereira, M., Soares, I., Dias, P., Silva, J., Marques, S., & Batista, J. (2010). Desenvolvimento, psicopatologia e apego: Estudo exploratório com crianças institucionalizadas e suas cuidadoras. *Psicologia: Reflexão e Crítica, 23*, 222-231. doi:10.1590/S0102-79722010000200004

Rutter, M. (2008). Institutional effects on children: Design issues and substantive findings. *Monographs of the society for research in child development, 73*, 271-278. doi:10.1111/j.1540-5834.2008.00497.x

Simpson, J. A., &, Belsky, J. (2008). Attachment Theory within a Modern Evolutionary Framework. In J. Cassidy, & P. R. Shaver (Eds.), *Handbook of attachment: Theory, research, and clinical applications* (2nd ed., pp. 131-156). New York: Guilford.

Smyke, A. T., Zeanah, C. H., Jr, Fox, N. A., & Nelson, C. A. (2009). A new model of foster care for young children: The Bucharest early intervention project. *Child and Adolescent Psychiatric Clinics of North America, 18*, 721-734. doi:10.1016/j.chc.2009.03.003

Sroufe, L. A. (2000). Early relationships and the development of children. *Infant Mental Health Journal, 21*, 67-74. doi: 10.1002/(SICI)1097-0355(200001/04)21:1/2<67::AID--IMHJ8>3.0.CO;2-

Visa, S. L. (2009). Resiliencia, fatores protetores y necesidades en niños y adolescentes acogidos en centros de protección: Referentes para el diseño de estrategias de intervención psicoeducativa en contextos residenciales. In A. Bravo & J. F. Del Valle (Eds.), *Intervención socioeducativa en acogimiento residencial* (pp. 53-74). Santander: Gobierno de Cantabria.

Martin, A., Krieg, H., Esposito, F., Stubbe, D., & Cardona, L. (2008). Reduction of restraint and seclusion through Collaborative Problem Solving: A five-year, prospective inpatient study. *Psychiatric Services, 59*(12), 1406-1412.

Martins, P. C. M. (2004). *Proteção de crianças e jovens em itinerários de risco: Representações sociais, modos e espaços* (Tese de doutoramento não publicada). Universidade do Minho: Braga.

Oliveira, P. S., Soares, I., Martins, C., Silva, J. R., Marques S., Batista J., & Lyons-Ruth, K. (no prelo). Indiscriminate behavior observed in the strange situation among institutionalized toddlers: Relations to caregiver report and to early family risk. *Infant Mental Health Journal*.

Soares, I., Martins, E. C., & Tereno, S. (2007). Vinculação na infância. In I. Soares (Ed.), *Relações de vinculação ao longo do desenvolvimento: Teoria e avaliação* (pp. 47- 98). Braga: Psiquilíbrios.

St. Petersburg–USA Orphanage Research Team. (2008). The effects of early social--emotional and relationship experience on the development of young orphanage children the St. Petersburg–USA orphanage research team. *Monographs of the Society for Research in Child Development, 73*, 1–260. doi:10.1111/j.1540-5834.2008.00485.x

Wiik, K. L., Loman, M. M., Van Ryzin, M. J., Armstrong, J. M., Essex, M. J., Pollak, S. D., & Gunnar, M. R. (2011). Behavioral and emotional symptoms of post-institutionalized children in middle childhood. *Journal of Child Psychology and Psychiatry, 52*, 56-63. doi:10.1111/j.1469-7610.2010.02294.x

Intervenção psicológica com crianças vítimas de abuso sexual: Uma abordagem psicodramática

Marisalva Fávero
Instituto Superior da Maia, Portugal

Resumo

A vitimação sexual de crianças e adolescentes está associada a várias consequências a curto e a longo prazo. Embora a experiência possa afetar, de diferentes formas, o desenvolvimento das vítimas, todas elas devem poder beneficiar de uma intervenção terapêutica, adequada à severidade dos seus problemas.

O psicodrama, modelo terapêutico desenvolvido por Jacob Levy Moreno, com raízes no teatro grego, oferece uma leitura teórica do desenvolvimento humano, no que diz respeito à saúde e à doença psicológica e respetivo tratamento, assim como oferece recursos técnicos diversificados para a prática psicodramática, individual ou em grupo.

Embora o próprio Moreno não tenha aprofundado a aplicação do seu modelo teórico e prático à intervenção com crianças, legou-nos uma teoria que, pela sua abrangência e flexibilidade, permite a adaptação à intervenção com este grupo etário, com diversas sintomatologias e dificuldades.

Neste capítulo apresentarei um corte transversal de uma psicoterapia psicodramática bi-pessoal com crianças vítimas de abuso sexual, tendo como suporte teórico das dinâmicas traumáticas o modelo dos 4 fatores traumatogénicos (sexualização traumática, traição, perda de poder e estigmatização) proposto por Finkelhor e Browne (1985). Ilustrarei o desenvolvimento do processo psicoterapêutico através da apresentação e discussão de um modelo de psicodrama realizado com a mãe de uma vítima.

Introdução

> "Se eu falar, quantas vezes vais pensar que é mentira, antes de começares a pensar que é verdade?" (Menino, 9 anos, vítima de abuso sexual por parte do avô)

A vitimação sexual de crianças é penalizada por lei, mas para além de ser um problema legal, o abuso sexual de menores é, também, um problema social, pelo que toda a sociedade deve ser envolvida na sua prevenção e erradicação. Por outro lado, é igualmente um problema de saúde, sendo da responsabilidade do Estado assegurar que todas as vítimas e famílias recebem apoio e tratamento psicoterapêutico quando necessário. Embora os estudos indiquem que é provável que 30% das crianças vítimas de abuso sexual não desenvolvam problemas resultantes da experiência, pensa-se que cerca de 8% das vítimas não recebam o tratamento adequado (López, Fuertes, Zapian, Carpintero, Hernandez & Martín, 1994).

O psicodrama, modelo terapêutico que estuda os grupos e a articulação entre o individual e o coletivo, adotando uma linguagem do teatro (Moreno, 1972), parte do pressuposto de que a pessoa se revela e se estrutura por meio do desempenho de papéis e do estabelecimento de vínculos. Através da sua técnica - a "sessão de psicodrama" - o psicodrama possibilita o resgate do ser humano criativo, através da reinterpretação de si mesmo e das suas circunstâncias (Vasconcelos, 2004). Neste sentido, oferece um modelo de intervenção que tem demonstrado eficácia no tratamento de vários sintomas associados aos abusos sexuais (Bannister, 2000; Carbonell & Parteleno-Barehmi, 1999; Tavkar & Hansen, 2011).

O objetivo deste capítulo é apresentar uma proposta de intervenção com crianças vítimas de abuso sexual, utilizando como referencial teórico e terapêutico o psicodrama. Tendo em conta que a mãe é entendida, neste estudo, como vítima secundária do abuso sexual, é-lhe dado um protagonismo semelhante ao da criança. Apresentarei o enquadramento teórico e o protocolo de intervenção usando, como guião, a estrutura (as etapas) de uma sessão de psicodrama. Assim sendo, no *Aquecimento Inespecífico* (momento da sessão de psicodrama cujo objetivo é fazer emergir um/a protagonista é, juntamente com o aquecimento específico, a primeira etapa da sessão de psicodrama), será abordado o enquadramento teórico dos abusos sexuais e do psicodrama; no *Aquecimento Específico* (momento da preparação da dramatização) apresentarei as figuras protagonistas, a sua história pessoal e desenvolvimental, bem como a história do abuso sexual e os dados da família. Na *Dramatização* (descrita como o centro ou o núcleo do psicodrama, é o momento que ocorre a ação dramática) descreverei o protocolo de intervenção, um recorte transversal do psicodrama bi-pessoal, com ênfase nos sintomas mais frequentes do abuso sexual na infância e adolescência, com exemplos de descrição de sessões. Por fim, no *Sharing/Processamento* será efetuada uma síntese conclusiva. Se na sessão de psicodrama esta é etapa na qual o grupo partilha com o/a protagonista os sentimentos mobilizados durante a dramatização, na formação, é o momento dedicado à ligação entre a teoria e a prática.

Aquecimento inespecífico

Abusos sexuais a menores: reflexões sobre o conceito, características e consequências
O abuso sexual de menores verifica-se sempre que uma pessoa adulta ou menor de 18 anos, independentemente do meio que utiliza, tem comportamentos sexuais com um/a menor. Se o abusador é um/a menor de idade, deve ser significativamente maior que a criança, ou ser da mesma idade que a vítima, mas estar numa posição de poder ou de controlo sobre ela. Os comportamentos sexuais incluem: a) Os contactos físicos (sexo anal, vaginal ou oral; introdução do dedo na vagina ou ânus; exibicionismo; introdução de objetos na vagina ou ânus; carícias, que incluem o toque dos genitais do/a abusador/a ou do/a menor, forçar o/a menor a masturbá-lo, e/ou obrigá-lo/a a manter contactos sexuais com animais); b) A exploração sexual (produção de pornografia, prostituição infantil e obrigar o/a menor a assistir a atividades sexuais de outras pessoas) (NCCAN, 1978, adaptado e ampliado por Fávero, 1999, 2003).

No código penal português (CPP), antes da revisão de 1995, os crimes sexuais eram considerados crimes contra os bons costumes (CPP de 1886) ou crimes contra os valores e interesses da vida em sociedade (CPP de 1982); em 1995 passaram a integrar um capítulo autónomo, "crimes contra a liberdade e a autodeterminação sexual" (Alves, 1995, 1997; Marreiros, 1997; Moura, 1998) e os crimes sexuais passaram a integrar duas secções do Capítulo V, Secção I (dos crimes contra a liberdade sexual) e Secção II (dos crimes contra a autodeterminação sexual, especificamente crimes sexuais contra crianças) (Marreiros, 1997). A novidade é o artigo 172, específico sobre os abusos sexuais de crianças. Na revisão mais atual, a de 2007, surge o artigo 176 que contempla, como crime independente, a pornografia com menores de idade.

No que toca à incidência e à prevalência, julga-se que os números, apesar de se terem aproximado mais da realidade, depois do "Processo da Casa Pia", continuam a não representar a realidade dos abusos sexuais a menores. A incidência (novos casos registados por ano, num determinado lugar) obtém-se através das queixas apresentadas à polícia, aos juízes ou aos organismos de proteção à infância (Fávero, 2003). Segundo o relatório anual das Comissões de Proteção de Crianças e Jovens (2010), dos 28103 casos de vitimação sexual sinalizados, 37 são de prostituição infantil, 39 de pornografia infantil e 1150 de abuso sexual.

A prevalência refere-se à totalidade da população vítima de abuso sexual. A revisão realizada por Finkelhor, em 1994, reunindo dados de vários estudos publicados entre 1970 e 1990, concluiu que entre 7% e 36% de mulheres e entre 3% e 29% de homens tinham sido vítimas de abusos sexuais. O primeiro estudo científico sobre o tema, o de Kinsey, em 1953, estimou uma prevalência de 9%. Em Portugal, os dados apontam para uma percentagem de 13,5% (no total dos casos de maus-tratos) no estudo realizado por Almeida (1998), de 6,7% (9,9% mulheres e 3,7% homens) na investigação conduzida por Fávero (1999), de 14% (no total de casos de maus-tratos sinalizados em contexto hospitalar) no trabalho elaborado por Canha (2000), de 2,6% no estudo de Figueiredo (2005) e 6,1% na pesquisa efetuada por Tânia Loureiro (2008).

As consequências do abuso sexual manifestam-se a curto prazo (as que surgem nos primeiros dois anos) e a longo prazo (as que surgem passados dois anos). Podem ser de ordem física, psicológica ou psicossocial. Neste capítulo, centrar-me-ei nos sintomas psicológicos, nomeadamente no modelo traumatogénico de Finkelhor e Browne (1985). Este modelo é um suporte teórico tanto para a avaliação das vítimas, como para antecipar problemas aos quais as vítimas se podem tornar mais vulneráveis: sexualização traumática, estigmatização, impotência e traição.

A *Sexualização traumática* é um processo no qual a sexualidade da criança é moldada a partir de uma experiência interpessoal inadequada e disfuncional e ocorre porque a criança é exposta a um comportamento sexual que não é apropriado ao seu nível de desenvolvimento. Há o risco de a criança aprender a usar esse comportamento sexual como uma estratégia de manipulação para satisfazer necessidades desenvolvimentais.

A *Traição* refere-se à dinâmica pela qual a criança descobre que alguém, de quem depende a sua sobrevivência, lhe causou dano. Esta dinâmica pode estender-se a outros familiares ou adultos a quem a criança tenha tentado confiar o segredo e não a protegeu. O sentimento é mais comum e intenso em casos de abuso intrafamiliar.

A *Impotência* é a violação constante da vontade, dos desejos e do senso de eficácia da criança. É extremamente gerador de impotência perante o seu corpo e o seu espaço, repetidamente invadidos sem o seu consentimento. Contribuem ainda mais para esta dinâmica as tentativas frustradas de revelação ou interrupção do abuso.

A *Estigmatização* está associada aos sentimentos de vergonha e culpa, visto que o/a agressor/a culpa e humilha a vítima, depositando nela e no seu comportamento a responsabilidade do abuso. Por outro lado, a sua paralisação ou incapacidade de se defender gera na criança fortes sentimentos de culpa e vergonha.

O psicodrama com crianças
Apesar de amplamente utilizada em consulta, a psicoterapia individual com crianças, de orientação psicodramática, é pouco explorada na literatura científica. Jacob Levy Moreno, que fundou as bases da socionomia, propôs uma intervenção voltada para os grupos, não se focando particularmente nas crianças[1]. O seu contributo para o tratamento de crianças foi contudo indireto

---

[1] No que toca ao trabalho com crianças, só fez referência a uma intervenção: o tratamento de um rapaz neurótico (Moreno, 1974, 1975). As demais referências são relativas às experiências com as crianças dos Jardins de Viena e com histórias trazidas, como exemplos, do seu filho Jonathan.

(Petrilli, 2002), na medida em que, através da teoria e da metodologia que nos legou, Moreno deixou espaço para que os/as terapeutas, inclusive de outras origens teóricas, incorporassem os princípios do psicodrama nas suas intervenções. Tendo o próprio Moreno reconhecido esta possibilidade, foi possível adaptar a metodologia psicodramática à intervenção com crianças, tendo como pano de fundo a etapa desenvolvimental em que elas se encontram.

Não sendo proposta deste trabalho uma análise exaustiva da teoria psicodramática, resumirei, a seguir, alguns dos seus pressupostos básicos e, para melhor compreensão do protocolo de intervenção, apresentarei uma exposição mais detalhada da teoria do desenvolvimento, da teoria dos *clusters* e da sessão de psicodrama.

Quanto aos pressupostos básicos da teoria psicodramática podemos ressaltar (Mendes, Raul & Fávero, 2003):

a) O ser humano moreniano é um indivíduo social, porque nasce em sociedade e necessita dos outros para sobreviver. A inter-relação entre as pessoas constitui o seu eixo fundamental;

b) O átomo social é a configuração social dos vínculos que se desenvolvem a partir do nascimento. As redes sociométricas são compostas por vários átomos sociais;

c) O ser humano, ao nascer, traz consigo fatores favoráveis ao desenvolvimento da espontaneidade e da criatividade. Por espontaneidade entende-se a capacidade de agir de modo adequado diante de situações novas, criando uma resposta inédita ou renovadora, ou ainda, transformadora de situações preestabelecidas. A espontaneidade é o eixo da sua teoria e da sua terapia, de tal modo que Moreno sugeria que o ser humano pode ser um criador, um génio. A espontaneidade catalisa a criatividade;

d) O produto, o resultado da criatividade é a conserva cultural, servindo para preservar valores de uma determinada cultura (Moreno, 1992, p.158), podendo apresentar-se na forma de rituais, cerimónias ou objetos (um livro, por exemplo). A partir destas, nova criatividade pode emergir;

e) Apesar de Moreno não ter definido claramente a "ação", é um dos termos-chave da sua teoria, sendo que toda a ação é interação por meio de papéis;

f) O segundo eixo da sua teoria é o fator "tele", que Moreno utilizou para explicar a relação entre as pessoas. É, segundo Moreno (1975), "a menor unidade de sentimento, transmitida de um indivíduo a outro" (p. 49). A patologia da "tele" é a transferência, pois nem sempre a perceção télica predomina em todos os momentos da relação. A transferência refere-se às experiências do passado que são projetadas no presente;

g) Ao culminar do processo psicodramático corresponde a cura, à qual Moreno chamou catarse de integração. É um momento de grande intensidade, em que o/a protagonista se liberta dos obstáculos que bloqueiam o seu desenvolvimento. É a possibilidade de um novo nascimento e crescimento;

h) A teoria do desenvolvimento é explicada pelo desenvolvimento da matriz de identidade, nome dado por Moreno ao conjunto de relações (com mãe, pai, irmãos, avós, tios, entre outras) que existe quando a criança nasce e que será a base das influências positivas e negativas no desenvolvimento inicial da criança. O desenvolvimento da matriz de identidade dá-se em três etapas, sendo que a criança parte da indiferenciação para a capacidade de inverter papéis. A passagem por esta experiência deixa uma matriz, a partir da qual a criança segue para o mundo.

i) A teoria da personalidade no psicodrama é a teoria dos papéis. Moreno desenvolve a teoria da personalidade, ligada às relações interpessoais (vínculo), a partir da noção de papel. "O desempenho de papéis é anterior ao surgimento do ego. Os papéis não decorrem do eu mas o eu pode emergir dos papéis" (Moreno, 1985, p.210). A personalidade resulta do número e da qualidade dos papéis que assumimos.

Disse, anteriormente, que o psicodrama é, em essência, uma intervenção em grupo, mas também salientei que outros/as autores/as foram incluindo algumas variantes no trabalho originalmente proposto. O psicodrama bi-pessoal, assim chamado pelos/as psicodramatistas Dalmiro Bustos (1982) e Rosa Cuckier (1992), é uma destas propostas, também conhecida como psicodrama a dois, para Moreno, e psicoterapia da relação, para Fonseca (2010). A sua característica é a de que prescinde dos egos-auxiliares, sendo, por conseguinte, realizada só com a presença do/a terapeuta e do/a paciente.

A teoria do desenvolvimento humano de Moreno

Partilho da opinião de Sílvia Petrilli (2002) quando afirma que Moreno nos deixou um legado teórico extremamente importante para a realização de psicodrama com crianças sendo, talvez, o mais relevante, a teoria da espontaneidade do desenvolvimento infantil, "onde Moreno caracteriza a dimensão relacional vincular do ser humano ao descrever a matriz de identidade (incluindo conceitos como Zona, Foco, Matriz, Brecha entre Fantasia e Realidade, Ego-auxiliar, Papéis Psicossomáticos, Sociais e Psicodramáticos e Tele)" (Petrilli, 2002, p.6). O "psicodrama infantil", terminologia original, foi, segundo Petrilli (2002), substituído pelo "psicodrama com crianças" (terminologia atual) pela psicodramatista brasileira Dalka Ferrari, nos anos 80.

Moreno defendeu que o nascimento, ao contrário do que os seus congéneres propunham, não é um evento traumático, mas o momento máximo de espontaneidade (Moreno, 1985). Descreve o desenvolvimento da criança em três etapas, distribuídas por dois universos: no Primeiro Universo, na primeira etapa do desenvolvimento - a etapa da indiferenciação, não há limites entre o Eu e o mundo. A mãe[2] aparece como um prolongamento do corpo da criança e é nesta etapa que a criança desenvolve o seu primeiro papel na vida - o papel psicossomático. Este universo termina quando a criança diferencia a fantasia da realidade, que Moreno designou por "brecha entre fantasia e realidade". O segundo universo é marcado pela capacidade da criança inverter papéis e pode fazê-lo em duas etapas: i) reconhecimento do EU e das suas particularidades como pessoa e ii) reconhecimento do TU, dos outros no mundo. Surgem dois novos papéis, os sociais e psicodramáticos, permitindo que a fantasia seja utilizada como realidade própria. A criança percebe-se como parte da realidade familiar e vivencia os papéis sociais: filho/a, irmão/ã, neto/a, primo/a, entre outros. Os papéis psicodramáticos ou psicológicos são personificações de coisas imaginadas, sendo reais ou irreais: fadas, fantasmas, papéis alucinados. A matriz familiar dá lugar à matriz social, podendo a criança passar a jogar papéis sociais, com a possibilidade de imitá-los ou criar novas formas de os jogar.

---

[2] Refere-se à mãe biológica ou ao/à cuidador/a que desempenhe o papel do primeiro ego--auxiliar na vida da criança.

Ampliação da teoria do desenvolvimento humano de Moreno, proposta por José Fonseca
Fonseca (1980, reeditado em 2000), através de uma reflexão clínica, ampliou as fases do desenvolvimento, descritas por Moreno, sendo a primeira fase a de Indiferenciação. Nesta etapa, a criança não distingue o Eu do TU (objeto ou pessoa), vendo-se misturada com o mundo, como se fosse uma continuação de si mesma. A mãe, no papel de ego-auxiliar, complementa as necessidades do recém-nascido. Na fase seguinte, a da Simbiose, mãe e criança ainda mantêm uma espécie de ligação "umbilical", ou seja, apesar de a criança começar a diferenciar-se, a discriminar o outro, ainda não o consegue totalmente, e a mãe mantém-se como o Duplo que a criança precisa para sobreviver. A terceira é a do Reconhecimento do Eu e é nesta que a criança se reconhece a si mesma e toma consciência do seu corpo como separado do mundo. Começa a diferenciação EU – TU. O Reconhecimento do Tu é a quarta fase. Nela a criança dá-se conta de que o outro sente e reage em relação às suas iniciativas. Fonseca (1980) considera que o reconhecimento do EU dá-se ao mesmo tempo que o reconhecimento do TU, visto que, ao fazer o reconhecimento de si, automaticamente, consegue diferenciar o outro. A fase seguinte, a quinta, é a das Relações de Corredor e marca a brecha entre a fantasia e a realidade. A relação amplia-se do contexto mãe/pai para outros TUs, com a peculiaridade de o fazer com um de cada vez. São relacionamentos marcados pela exclusividade e posse. É o esboço, ou os primeiros ensaios da inversão de papéis, que se concretizará, mais tarde, noutra etapa. Antes disso, passa pela sexta fase, a da Pré-Inversão, onde a criança começa a inverter papéis mas sem reciprocidade da maturidade. Verifica-se quando a criança joga, em primeiro lugar, o seu próprio papel (papel do EU) para só depois jogar o do outro (do TU), que podem ser outras pessoas, animais ou objetos. Na sétima fase, a da Triangulação, a comunicação passa da bi-pessoal para um envolvimento triádico. A criança verifica que os seus outros se relacionam com outros de outros, sem a incluir. Na Circularização, a oitava fase do desenvolvimento humano, a criança começa a entrar em contacto com grupos, amigos, escola, entre outros. Corresponde ao que se denomina de socialização da criança. É, de acordo com o que sugeriu Moreno, a entrada do ser humano na vivência sociométrica dos grupos. A criança passa a relacionar-se com o Eles e, por consequência, a sentir-se parte de um conjunto, de uma comunidade, de um Nós. A nona etapa é a da Inversão de Papéis e é definida como a fase da possibilidade de

reciprocidade e mutualidade, de incluir-se no outro lado, colocar-se verdadeiramente no lugar do outro e percebê-lo. Esta fase indica já alguma maturidade. A última fase, a décima, é a fase do Encontro. Esta etapa acontece de forma tão intensa que a espontaneidade-criatividade presente é liberada no ato de entrega mútua: perda de identidade pessoal, temporal e espacial. Há, também, um fortalecimento das suas próprias identidades.

A teoria dos clusters
Apresentei, noutro momento, uma contribuição teórica para explicar, à luz do psicodrama, porque é que considero que a experiência de abuso sexual pode ser nefasta para o desenvolvimento psicológico da vítima (cf. Fávero, 2003). No presente trabalho, utilizarei o referido suporte teórico, com ampliação da informação a outros pontos da teoria psicodramática, nomeadamente o anteriormente exposto sobre a teoria do desenvolvimento de Moreno, ampliada por Fonseca.

No psicodrama, Jacob Levy Moreno revela o ser humano como um ser social, cujo Eu resulta da sua relação com o Outro. Neste sentido, o conceito de Vínculo é central, sendo do desempenho do Papel, outro conceito central na teoria psicodramática, que a relação emerge. O vínculo é, assim, a intersecção, o ponto de encontro entre dois papéis, onde os seus componentes se misturam e onde identificamos partes de Um e de Outro. E sendo assim, a noção de vínculo, traz consigo a de "papel", pois contempla a premissa de relação. Neste entendimento, o ser humano só se desenvolve e se realiza como pessoa humana, se for confirmado por outro (Fávero, 2003) e cada um destes intervenientes surge e relaciona-se através dos seus papéis. Por isso, considera-se que o Eu surge na forma de papéis (Moreno, 1992).

Os vínculos podem ser *simétricos* (responsabilidade vincular semelhante; os que podem ser nomeados como amigos, amantes, colegas, entre outros) ou *assimétricos* (responsabilidade vincular diferente; recebem o nome dos papéis que dele fazem parte: pai-filho/a, mãe/filho/a; professor/a-aluno/a; chefe-subordinado/a, entre outros). Os papéis, por sua vez, agrupam-se por afinidade dinâmica, formando *clusters* (Bustos, 1982, 2001). De acordo com a teoria dos *clusters* ou agrupamentos, descrita por Moreno e sistematizada por Bustos (1982, 2001), os *clusters* são três: materno, paterno e fraterno.

O cluster *materno* centra-se na relação mãe-filho (ou na função materna). A sua principal característica é a dinâmica passiva, dependente, incorporadora. Da função básica de acolhimento, proteção e contenção (*holding*) resulta outra função, a de ser amado/a. No papel de filho/a aprendemos a ser cuidados/as, a receber.

Segundo Bustos (2001), caminhamos para os outros *clusters* com o anterior incorporado. No *cluster* seguinte, o *paterno* - centrado na relação pai–filho/a (colidindo com o desenvolvimento da marcha) -, a dinâmica centra-se na procura, na autonomia e independência e permite desenvolver o sentido de confiança e segurança (*grounding*).

E, por fim, o *cluster fraterno*, que condiciona os vínculos simétricos. Centrado na relação com os pares, irmãos, amigos, colegas, é o que predomina na vida adulta, sendo que a sua dinâmica é a de competir, partilhar, ou a sua vertente negativa, rivalizar.

Segundo esta perspetiva, a experiência de abuso sexual intrafamiliar ou por pessoas conhecidas e próximas do ambiente familiar, oferece uma dinâmica relacional disfuncional, pois verifica-se uma troca de papéis.

Sendo o *cluster materno* o que possibilita à criança o papel de dependente estrutural (um pouco na linha de Furniss, 1993) e o paterno o que proporciona apoio para começar a autonomia e a independência, o incesto pai ou mãe-filhos/filhas impede a internalização desta relação básica de autonomia e independência. Em alguns casos as crianças passam de cuidadas a cuidadores, servem de apoio para a independência das mães, assumem funções domésticas de poder, etc. (Fávero, 2003).

No que se refere ao *cluster fraterno*, quando há abusos perpetrados por outros/as menores, também se verificam danos no desenvolvimento da capacidade de ter relações simétricas. A composição de papéis deste *cluster*, que determina a nossa posição natural como igual numa relação (de colega, de amigo/a, de amante), fica também afetada. Este referencial ajuda-nos a compreender a dificuldade que estas pessoas têm em estabelecer relações de igualdade no futuro. A sua assertividade fica comprometida, podendo colocar-se na relação ou como um/a rival, aquele/a que se impõe pela força ou coerção ou traição, ou como passivo/a, a parte da relação (num grupo ou numa díade) que é subjugada, desconsiderada. Este referencial também nos ajuda a antever ou compreender os efeitos nefastos do abuso sexual entre irmãos, ou perpetrados por outros menores.

Esta preocupação com o impacto desenvolvimental do abuso sexual coincide com as conclusões demonstradas por Finkelhor, em 1997. Este sociólogo norte-americano, numa revisão de estudos com amostras clínicas, concluiu que as crianças vítimas de abusos sexuais estão potencialmente mais propensas a apresentar, ao longo da vida, várias doenças psiquiátricas. A etapa desenvolvimental na qual a agressão sexual tem início, somada a outros fatores (e.g. relação com o agressor, associação a outros tipos de maus-tratos, entre outros) determina a gravidade do abuso sexual (Fávero, 2003).

A sessão de psicodrama
A riqueza do psicodrama não se limita à sua teoria. Moreno legou-nos uma prática psicodramática rica e abrangente e de aplicabilidade fácil. Para caracterizar uma sessão de psicodrama com crianças levamos em consideração os contextos, os instrumentos e as etapas, como se pode constatar na tabela 1. Este modelo, proposto por Moreno para a terapia de adultos, é adaptado, tal como acontece atualmente com o psicodrama bi-pessoal de adultos, consoante o psicodrama com crianças é de grupo ou bi-pessoal (e.g. Bustos, 1982; Gonçalves, 1988; Gonçalves, Wolff & Almeida, 1988; Petrilli, 2002).

Tabela 1
Caracterização da sessão de psicodrama

Contextos	Instrumentos	Etapas
Social (corresponde à realidade social, ao meio onde a criança vive, com as suas leis, normas)	**Diretor/a** – Terapeuta que coordena a sessão. Funções: Diretor/a da cena propriamente dita (possibilita o aquecimento e a dramatização), terapeuta do/a protagonista e do grupo e analista social (Gonçalves et al., 1988)	**Aquecimento** – Momento em que se dá a escolha do/a protagonista e a preparação para a dramatização. Divide-se em *aquecimento inespecífico* e *aquecimento específico*[1]
Grupal (constituído pelo próprio grupo com as suas características, os seus participantes, incluída a equipa terapêutica, as suas interações e a sua história)	**Ego-auxiliar** – Terapeuta que interage em cena com o/a protagonista. Funções: Ator/a (representa papéis), auxiliar do/a protagonista (terapeuta) e observador/a social (Gonçalves et al., 1988)	**Dramatização** – Etapa da representação de acontecimentos do passado, do presente ou do futuro, avaliados pelo/a protagonista como problemáticos
Dramático (onde as crianças vivem o "como se", o faz-de-conta; onde as criança vivem todas as suas fantasias num campo relaxado)	**Protagonista** – Sujeito que emerge para a ação dramática. Simboliza os sentimentos comuns que permeiam o grupo, recebe por parte deste aquiescência para representá-lo, a partir da dinâmica sociométrica	**Sharing** – Os membros do grupo partilham com o/a protagonista os seus sentimentos e as suas vivências de conflitos semelhantes[2]
	Cenário (amplo, lúdico e dramático) – Onde se utilizam materiais diversos para o aquecimento do grupo ou protagonista (famílias de animais, fantoches, bichos de plástico, de feltro, tecidos de cores variadas)[3]	
	Público – Conjunto dos/as demais participantes das sessões psicodramáticas. Partilham sentimentos desencadeados pela ação dramática do/a protagonista[4].	

[1] O *aquecimento inespecífico* pode ser verbal ou corporal e termina com o surgimento do/a protagonista e o *aquecimento específico* é o aquecimento do/a protagonista, preparando-o para a ação dramática. O aquecimento facilita a espontaneidade que, por sua vez, é o principal catalisador de criatividade.
[2] No aquecimento, o/a protagonista, ao aquecer-se para apresentar os seus problemas, aquece o público no sentido daquele identificar-se com ele/a.
[3] A partir destes materiais é que a criança dá início ao jogo de papéis e define o tema da dramatização.
[4] Embora possa parecer que o verbal não tem lugar no psicodrama, a elaboração verbal é uma das partes fundamentais da psicoterapia psicodramática, no sentido de que as mudanças qualitativas fundamentais se realizam na ação dramática, mas as mudanças posteriores advêm da elaboração verbal (Quiroz & Rivera, 2003).

Nas várias etapas o/a diretor/a recorre às técnicas psicodramáticas. Foram originalmente divididas em históricas (Teatro Espontâneo e o Jornal Vivo) e básicas (Duplo, Espelho e Inversão de papéis) (Gonçalves et al., 1988). A partir das técnicas históricas e das técnicas básicas criadas por Moreno, inúmeras técnicas têm sido desenvolvidas e adaptadas, pelo que se considera que existem atualmente mais de 2000 técnicas psicodramáticas (Motta, 1994, 1995).

A Técnica Desdobramento do Eu ou Duplo foi baseada na fase em que a criança vivencia o mundo inteiro como uma unidade. Consiste em o/a diretor/a ou o/a ego-auxiliar posicionar-se por trás ou ao lado do/a protagonista e sussurrar o seu discurso implícito, aquilo que a criança não verbaliza, representando as suas ações e sentimentos. Pode, também ser usada verbal ou mímica.

A Técnica do Espelho, baseada na fase em que a criança se reconhece a si mesma separada dos outros, significa retirar o/a protagonista da cena, e seguir com um/a ego-auxiliar (ou o/a diretor/a, no caso do psicodrama bi-pessoal) no lugar do/a protagonista ou de outros personagens, pedindo ao/à protagonista que se observe de fora e comente o que está a ver.

A Técnica da Inversão de Papéis foi inspirada no momento evolutivo, no qual a criança se reconhece a si mesma como indivíduo separada dos outros. Consiste em a criança colocar-se no papel da outra pessoa na cena. Na sequência da instrução do/a diretor/a, o/a ego auxiliar posiciona-se corporalmente no lugar e papel do/a protagonista e repete as suas últimas palavras, dando seguimento à ação.

Além das técnicas básicas descritas anteriormente, utilizamos, quase com a mesma frequência, a Técnica de Concretização, descrita e desenvolvida pelos contemporâneos de Moreno, mas que Santos (1998) considera que partilha do mesmo estatuto das técnicas básicas, pois emerge no decorrer do desenvolvimento. Surge da etapa sensório-motora, quando a criança dá os seus primeiros passos na capacidade de concretização. Consiste em "materialização de objetos inanimados, emoções e conflitos, partes corporais, doenças orgânicas, através de imagens, movimentos e falas dramáticas. O terapeuta pede ao paciente que lhe mostre, concretamente, o que estas coisas fazem com ele e como fazem" (Cukier, 1992, p. 49). Perazzo (2011) afirma que a concretização é uma "velha técnica" psicodramática, pela qual os/as terapeutas sistémicos "se encantaram e rebatizaram de escultura" (p. 21).

Aquecimento específico

Intervenção psicológica com crianças vítimas de abuso sexual
Alex[3] tem 10 anos de idade e foi encaminhada pela escola, por problemas de aprendizagem. A mãe revela que Alex foi vítima de abusos sexuais (carícias, sexo oral e três episódios de penetração anal) por parte do pai desde os 2 anos, tendo descoberto a situação quando a criança tinha 8 anos, altura em que fez queixa à polícia. O pai foi julgado e condenado, apenas, ao afastamento da criança. Nenhuma outra pena lhe foi aplicada.

Alex teve um percurso desenvolvimental aparentemente normal até entrar para a escola, momento em que começou a apresentar dificuldades de aprendizagem. É natural que o seu percurso desenvolvimental seja reconhecido pela mãe como aparentemente *normal*. Até dar-se conta de que está a ser vítima de um abuso, a criança entende que o que se está a passar com ela e o/a agressor/a é *normal*, faz parte da relação entre pai/mãe e filho/a. No entanto, a mãe revela que Alex é uma criança insegura e que, aos 4 anos, passou a querer dormir no quarto com ela. Culpa-se por nunca se ter apercebido do significado da rejeição da filha à presença do pai, e por não ter percebido nenhum outro indício.

Os sintomas (medos, aumento da ansiedade na ausência da mãe após os 4 anos, episódios de descontrole dos esfíncteres (urinar na cama várias vezes depois dos 6 anos), preferir a companhia da mãe e reagir mal à separação desta, sobretudo quando apercebia-se que iria ficar só com o pai, entre outros), começaram a aparecer quando a criança fez as primeiras tentativas de revelar o abuso, mas só quando a mãe encontra o pai a abusar sexualmente da criança é que relaciona os sintomas da mesma ao abuso e pede ajuda psicológica.

Alex é filha única e a família tem um nível sociocultural baixo. Pai e mãe estão empregados (pai segurança privado, mãe empregada doméstica). O seu átomo familiar é constituído pelas avós paterna e materna, dois tios, as mulheres destes e cinco primos.

A relação conjugal, anterior ao abuso, é avaliada pela mãe como satisfatória. Uma relação patriarcal, onde quem manda em casa é o homem, mas

---

[3] A criança que aqui servirá de exemplo para a apresentação do protocolo de intervenção representa muitas das crianças vítimas de abuso sexual, com idades entre os 8 e os 11 anos, com as quais intervim, em equipa, em sessões de psicodrama entre 1994 e 2009.

que a ela não causava qualquer desconforto, pois tinha sido educada a ver as mulheres da sua família nesta situação. Refere que com o nascimento de Alex a relação ficou mais distante e que se foi agravando com o passar dos anos, embora não houvesse conflito. Havia muitos momentos bons, de cumplicidade familiar. Antes de descobrir o abuso nunca pôs a hipótese de se separar do seu marido. Agora está decidida a manter a separação do pai de Alex e mantê-lo afastado dela.

Sente-se traída, confusa, às vezes é, para si, claro o sentimento de desprezo e de raiva, outras vezes revela muita tristeza, porque não esperava que um pai fizesse isto a um/a filho/a, muito menos à sua criança.

Dramatização - Roteiro/protocolo de intervenção

Uma criança, vítima de abuso sexual, chega à consulta de psicologia de diferentes maneiras: a) enviada pela escola por problemas de aprendizagem ou comportamento, sem sinalização de maltrato; b) sinalizada, mas sem confirmação do abuso sexual. Neste caso, pode ser trazida pelos pais para pedir ajuda sobre como proceder judicialmente e proteger o/a menor; c) trazida pelo pai ou mãe, com a suspeita, ou a confirmação, do abuso sexual; d) encaminhada por outras instituições, sinalizada, em fase de processo judicial.

O silêncio foi o aspeto mais determinante para que as vítimas de abuso sexual fossem desprotegidas e que os seus agressores passassem impunes até há poucas décadas atrás. Muitos destes/as agressores/as continuaram a conviver com as suas vítimas durante décadas. Outros/as, revitimizaram-nas agredindo os seus filhos e filhas, gerando sentimentos de impotência, raiva, culpa, e provocando danos psicológicos graves durante várias gerações (Fávero & Carvalho, 2010). Este silêncio que caracteriza o abuso sexual e o define fez e faz mais vítimas do que as vítimas diretas do abuso sexual.

Não tendo trabalhado especificamente no âmbito do acolhimento de crianças vítimas de abuso sexual ou em instituições jurídicas, as crianças e adolescentes que foram por nós acompanhadas, em contexto de psicodrama, eram trazidas à consulta quase sempre com diagnóstico comprovado de vitimação sexual. No entanto, a intervenção era solicitada por causa dos sintomas comportamentais ou psicológicos que se manifestam na escola ou no ambiente familiar. Alguns casos foram encaminhados pelo Hospital Maria Pia. Assim, quando se começa a desmontar o cenário, ou na linguagem psicodramática, a construir outros cenários, descobrimos que as vítimas trazem dois cartões de visita: "não confio em ninguém" e "não sei porque é que estou aqui".

Por trás destas certezas, descobrimos mais: um elevado sentimento de culpa, muito medo e muita raiva. Manifestam-se em sintomas diversos, comportamentais e emocionais, desde oposição à instabilidade de humor e conflitos de identidade.

Na consulta, a primeira tarefa do/a psicodramatista é apresentar o cenário onde as sessões se vão realizar. Fazemos um *tour* pela sala. Através de jogos de imagens e de simbolismos (por exemplo, vestimos um chapéu e somos as fotógrafas de uma passagem de modelos, vestimos tacões e somos top models, inspetoras de polícia, soldados de uma tropa, mascotes de um clube de futebol, aquilo que a criança desejar) começamos por explorar todos os recantos do espaço físico concreto onde o psicodrama passará a ter lugar. Informamos que, no espaço do cenário ou palco, passaremos a representar "como se estivéssemos num teatro" e pontuamos que este é um espaço de "como se", de "faz de conta". Utilizamos uma caixa com brinquedos diversos, jogos, mas sobretudo almofadas e objetos de cores e formas variadas.

No modelo que em seguida se apresenta, à experiência e formação em psicodrama soma-se a visão psicodramática do ser humano e, portanto, a criança é entendida como um ser com muitas potencialidades, dotado de espontaneidade e de energia catalisadora da criatividade (Moreno, 1984), sendo esta a capacidade de encontrar soluções alternativas para situações novas e antigas.

Dentro desta leitura, o abuso sexual representa um evento bloqueador do desenvolvimento. A criança necessita do outro para confirmar o seu papel. Na raiz do nosso EU estão os nossos papéis, precisando estes de contrapapéis saudáveis. São estes que ao longo do nosso desenvolvimento vão confirmando aquilo que somos: do ser em completa dependência e simbiose para o máximo de criatividade, a ponto de Moreno (1975) ter afirmado, na sua posição mais incompreendida, que nascemos génios em potencial.

O objetivo da intervenção terapêutica é restabelecer os vínculos após a situação de violência. Ao/À psicodramatista cabe oferecer à criança a oportunidade de uma vivência psicoterapêutica libertadora, ou seja, segundo Moreno (1975), a vivência da segunda vez libertando a primeira. Neste sentido, o psicodrama com crianças vítimas de abuso sexual pretende: a) favorecer a emergência de novos papéis e a consolidação dos papéis pouco desenvolvidos ou mal estruturados; b) favorecer a Catarse de Integração e c) introjetar um modelo relacional.

No psicodrama com crianças vítimas de abuso sexual procura-se oferecer um modelo relacional onde a criança possa rematrizar (Menegazzo, Zuretti & Tomasini, 1995), ou seja, voltar a trilhar os caminhos da sua matriz de identidade com uma dinâmica vincular saudável (recuperando a confiança nas suas figuras de referência) ou a articulação do acolhimento (*holding*), fortalecimento (*groundin*) e partilha (*sharing* nas interações com os outros, proporcionada pelo terapeuta ou pelo contexto.

A Matriz de uma criança vítima de abuso sexual, ou seja, a resposta que ela deu à influência da experiência de vitimação é uma resposta adaptativa. Esta resposta matrizada torna-se um problema quando surge mediante outros acontecimentos da sua vida, sendo esta uma resposta inadequada. Rematrizar é, portanto, dar espaço para a espontaneidade e, por consequência, possibilitar respostas novas e adequadas à nova experiência.

É, também, nosso compromisso oferecer, neste modelo relacional, um contrapapel alternativo ao que a criança encontrou no seu desenvolvimento, que no caso destas crianças foi patológico. Era esperado que ao seu papel de dependente, pudesse adicionar um contrapapel de supridor incondicional. Ao ser vítima, o/a seu/sua agressor/a transmite-lhe mensagens de que: i) não é merecedora de suporte e de afeto, ii) não há alternativa ao padrão. Desta forma, propicia o desenvolvimento de duas possíveis consequências: no primeiro caso, a revitimização (ficar presa ao seu papel de vítima) e, no segundo, a repetição de um padrão antigo, mas no seu contrapapel, o de agressor/a sexual.

Passo a apresentar exemplos da intervenção efetuada junto de Alex, adotando o seguinte roteiro: objetivo, sessão e processamento (téorico/análise da sessão).

Objetivo 1: Formação de vínculo terapêutico

Sessão: Deixo que Alex escolha o tema. Ela propõe organizar um campeonato de futebol. A(Alex): Sou bom na estratégia de jogo. T(Terapeuta). Qual é o seu nome? A: José. Passamos toda a sessão construindo cartazes e participando de reuniões onde a criança assume papel de liderança. Convido Alex a "dar as cartas", deixando que seja ela a organizar a agenda. Fala de todos os jogadores, das suas características físicas e da personalidade. Diz que é muito observadora.

Processamento: Começámos o vínculo a partir dos pontos fortes. Começámos por aqueles aspetos da vida da criança que podem ser ampliados, fortalecidos, para mais tarde, quando abordarmos a sua fragilidade, cumprirem a função "vicariante". Se ela gosta de futebol e é boa a jogar futebol, vai ser o nosso tema de jogos e dramatizações, por exemplo, uma festa de entrega de medalhas; se ela é boa a desenhar, vamos desenhar; se gosta ou diz que dança bem, vamos dançar.

Esta sessão foi muito importante para começar a devolver-lhe a noção de valor pessoal e iniciar um trabalho sobre os fatores teratogénicos (e.g. estigmatização, traição e impotência)

Objetivo 2: Átomo Social

Sessão: Feito o aquecimento, peço que, a este espaço de "como se" de "faz de conta", Alex me traga todas as relações significativas da sua vida. À medida que vai partilhando essa informação (em relação à mãe, avó, tia, primo, professora, vizinha, cadela, cavalo de peluche, entre outras figuras) vou pedindo que posicione essas relações fisicamente, relativamente aos outros e a ela própria (assinalo as posições com uma almofada escolhida por ela). Em seguida, peço-lhe que entre no lugar de cada um deles e, após aquecimento específico (onde pergunto sobre aspetos físicos e de personalidade), digo-lhe que "quero falar com os seus personagens". Começo por perguntar como se sente em relação aos outros e a si mesma (e.g. se está bem, se quer mudar de lugar, entre outros aspetos). Por sua vez, entrevisto Alex no seu lugar e avalio as suas sensações no que respeita à proximidade, distância e comentários das suas "figuras significativas".

Passei a utilizar a expressão "relações ou figuras significativas", em vez de "pessoas significativas", pois as crianças e alguns adultos, muitas vezes, trazem os animais e/ou brinquedos. Alex não traz o agressor, o que era esperado. Não pontuo esta falta, nem falamos disto no Partilhar (*Sharing*) - esta é uma técnica utilizada nas primeiras sessões, o que dá muito material para voltar a trabalhar nas sessões seguintes.

Processamento: A partir do nascimento, os vínculos vão-se configurando, formando o que Moreno (1975) chamou de átomo social. Os átomos sociais de cada um dos elementos de um determinado átomo social ligam-se a outros átomos sociais numa sequência dinâmica, configurando as redes sociométricas. Isto significa que qualquer movimento num dos elementos de um dos átomos sociais pode interferir nos elementos de outros átomos. Como técnica psicodramática, o átomo social permitiu que Alex se colocasse no lugar das figuras que considera significativas e perceber o que sentem e o que pensam face a ela. Ao mesmo tempo permitiu que Alex expressasse o que sentia e pensava de cada uma delas.

Objetivo 3: Trabalhar a empatia, a capacidade de posicionar-se no lugar do outro, para elaborar a impotência gerada pela impossibilidade de interromper o abuso.

Sessão: *Aquecimento:* Pergunto sobre a sua semana. Conta-me da visita da avó materna e de uma tia, que foi agradável, mas que preferia ter brincado em vez de irem passear no centro comercial.

Terapeuta (T): há outras coisas que te aborrecem?
Alex (A): Quando não acreditam em mim.
T: E isso acontece muitas vezes? As pessoas não acreditarem em ti?
A: Sim.
T: Podes dar-me um exemplo?
A: Quando eu deixo cair uma coisa sem querer e pensam que eu fiz de propósito
T: E mais?
A: Quando o meu pai diz que eu sou mentirosa "naquilo" (forma como Alex se refere ao abuso). Pede-me para fazer um teatro.

Dramatização: Diz que vai trazer uma amiga (pega numa almofada triangular branca).
T: Olá. Como te chamas?
A: (no lugar da amiga): Sou Joana.
T: E quem te trouxe para cá?
A: (Joana) Ela não quer vir sozinha, obrigou-me a vir.
T: E tu obedeceste?
A: (Joana) Sim, não tive outra saída

T: (dirigindo-me a Alex, afastando a almofada dela) E por que é que a obrigaste a vir?
A: Porque as pessoas não têm quereres?
T: As pessoas ou as crianças?
A: As crianças, quero dizer.
T: E tu não tens quereres?
A: (Toma o lugar de Joana) Nem ela nem ninguém.
T: Concordas Alex?
A: Sim.
T: Mas és capaz de dizer, agora à Joana que pode ir embora, se quiseres?
A: Joana podes ir embora.
T: (Dirigindo-me à Joana) E podes ter os teus próprios quereres. Alex, vamos perguntar à Joana se ela consegue ir embora ou se precisa de ajuda?
A: Joana precisas de ajuda? Necessitas de alguma coisa para sair daqui?
A: (Joana) Ajudem-me a convencer a minha mãe de que vocês me obrigaram a ficar aqui.
T: Porquê? Ela não acredita em ti?
A: (Joana) Não. Nem ela nem ninguém.
T: (Dirigindo-me a Alex) Ok! Então o que é nós podemos fazer para que a mãe da Joana acredite nela sem que nós precisemos de ir lá com ela?
A: Posso dar-lhe uma coisa mágica, que brilha.
T: Escolhe uma peça aqui da sala para ser esta "mágica" (Escolhe um pedaço de trapo vermelho). Olá, dona coisa mágica, como vai?/
A: (Coisa mágica) olá, tudo bem? Eu tenho brilho e sou poderosa
T: Isto já vi eu. O que é que a senhora faz na vida?
A: (Coisa mágica) Sou a mágica da verdade. Quem for meu dono, convence toda a gente.
T: Fixe. O que é preciso para possuí-la? Paga-se?
A: (Coisa mágica) Nããão!!! Só algumas crianças é que me podem ter.
T: Qualquer criança?
A: (Coisa mágica) Só as que os outros pensam que mentem.
T: E tu conheces algumas dessas crianças?
A: (Coisa mágica) Sim, a Joana.
T: É verdade, Joana? Precisas dessa dona Coisa Mágica?

A: (Joana) Sim.
T: Com ela já não terás problema de não acreditarem em ti?
A: (Joana) Acho que sim.
T: Alex podemos deixar a Joana ir embora com a sua dona Coisa Mágica?
A: Sim, assim é melhor?
T: E tu? Ficas bem sem a dona Coisa Mágica?
A: Eu também tenho a minha.

Comentários/Sharing:
Pergunto como é que se sente. Diz que mais aliviada, porque afinal até pode ter algumas magias para fazer com que os outros acreditem nela. Disse-lhe que a mim também me aborrece quando não acreditam em mim. E que aprendi que quando assim é, o problema é dos outros e não meu. A criança concordou que era uma boa técnica, mas rematou que estava a ser injusta com a mãe, porque a mãe tinha acreditado nela quando lhe contara sobre "aquilo"

Processamento: As vítimas de abusos sexuais podem dirigir comportamentos agressivos a outras crianças, como forma de recuperar a iniciativa e o poder que lhe foram roubados. Apesar de Alex não ter dado razões para pensarmos que estivesse a utilizar a estratégia agressiva para conseguir o que queria, este objetivo é sempre trabalhado em consulta. Uma das consequências da vitimação sexual é não conseguir interromper o ciclo de violência e, portanto, assumir o contrapapel de agressor/a, como forma de recuperar o poder que lhe foi roubado pelo/a agressor/a. É objetivo do psicodrama ajudar a criança, a partir do seu próprio papel de vítima, a desenvolver a empatia, o controle dos impulsos e a canalização dos seus desejos. Deve oferecer-se-lhe a mensagem de que se pode recuperar o poder sem recorrer à agressão. No papel de Joana, que era sua prisioneira, começa a empatizar com o desconforto, fruto da sua falta de liberdade e aceita libertá-la, mas não só. Dá-lhe instrumentos para ir sozinha e livre. Para atingir estes objetivos, o psicodrama deverá basear-se em situações em que há animais ou pessoas presas em celas ou histórias de filmes, onde os/as protagonistas são presos/as e libertados/as. Alex trouxe, muitas vezes, as "Navegantes da Lua"[4].

[4] Anime baseado na Manga "Sailor V", criado por Naoko Takeuchi em 1991. Estreou em Portugal em 1994 e desde então repete-se em vários canais de televisão. Conta a história de um grupo de raparigas do liceu com poderes para lutar contra os inimigos.

Objetivo 4: Pedido de perdão

Sessão: Alex joga, livremente, várias cenas onde a pessoa que erra pede desculpa. Num determinado momento percebo que devo introduzir uma situação que se aproxime do real e trazer a sua história e o seu agressor à cena. Ao propor por exemplo, que numa luta esteja presente também o Jorge (agressor), tranquilizo a criança, pois ela própria não o conseguiria trazer. E reforço o vínculo terapêutico: "eu entreguei-me a este *holding* e confio que tu vais ser o meu porto seguro". Quando confirmo a Alex qual é o meu papel, ela tranquiliza-se e aquece-se para, no lugar do seu agressor, lhe pedir desculpas. A sessão decorre de forma que eu, depois de ela entrar no papel do agressor, a tiro de cena, colocando um objeto para a representar a si e, no papel de agressor, repito as suas palavras, enfatizando algum aspeto do pedido de perdão. Nas sessões seguintes, continuamos a trabalhar o perdão e a partir de um desenho, onde ela pinta um envelope com muito dinheiro, fala com o seu agressor sobre as dívidas que aquele ainda tem consigo e que espera que lhe sejam pagas.

Processamento: O ritual de pedido de perdão deve ocorrer em algum momento da terapia, quer seja de pacientes adultos ou menores. Devemos empreender esforços no sentido de conseguir que o/a agressor/a peça, pessoalmente, perdão à vítima, de preferência de joelhos, pois é necessário que a vítima perceba alguma dose de humilhação no/a agressor/a. Mesmo que se consiga o perdão diretamente do/a agressor/a, a experiência diz-nos que é importante reservar um espaço na terapia para este ritual. É importante para a vítima ir clarificando, no seu íntimo, quem é o/a verdadeiro/a culpado/a. Quando a vítima ouve, do/a seu/sua perpetrador/a, um pedido sincero de desculpa, começa um processo de diferenciação entre dois aspetos: a culpa e a responsabilidade. A criança pode perceber a responsabilidade também como sua por ter, por exemplo, solicitado um beijo ao/à agressor/a ou demonstrado que gostava da experiência, sentindo-se por isso também responsável pelo abuso ter ocorrido. Porém a culpa nunca é da criança, é sempre da pessoa adulta[5].

---

[5] Este tema foi já aprofundado noutro trabalho (cf. Fávero, 2003).

Objetivo 5: Ouvir o pedido de perdão
Sessão: Alex entra diretamente para a dramatização. Diz que vai desenhar. Demora muito a decidir-se, pinta um envelope aberto. Coloca muitos detalhes, apaga e volta a desenhar. Peço para ser o envelope.

T: Senhor envelope, o senhor demorou muito a aparecer, como é o seu nome?
A: Não tenho nome, mas tratam-me por banana.
T: Que raio de nome.
A: É por eu ter a cor amarela.
T: E quem é o senhor, o que faz na vida?
A: Carrego dinheiro
T: Para que?
A: Para pagar à Alex.
T: Mas tanto!?
A: Ainda falta.
T: Ih! Então é muito!
A: É uma dívida que ele tem com Alex.

Processamento: Através do psicograma, utilizando as técnicas básicas e a concretização, apoiamos Alex na elaboração da sua necessidade de ser compensada. Ao mesmo tempo, vai separando o que é seu e o que é do seu agressor, caminhando para um momento em que vai ficar só com os sentimentos que são genuínos e com os quais terá de aprender a lidar.

Objetivo 6: Perdão e elaboração de sentimentos
Sessão: *Aquecimento*: Usa-se a História da cor, em que se escolhe uma cor da sala e se mencionam as situações que a criança vivenciou no dia anterior à consulta e que tenha a ver com esta cor. Alex escolhe o verde, dizendo que lhe fez lembrar a t-shirt do seu amigo Filipe e que gostava de ter uma igual. Pergunto se há outras coisas dos amigos e amigas que gostasse de ter. Fala de alguns brinquedos, assim como de um jogo que o pai da Sofia trouxe dos EUA. Diz que gostava de continuar o desenho do envelope que não estava completo. Sugiro uma cena, em vez do desenho. Ela insiste no desenho.
Dramatização: Desta vez vai diretamente ao desenho do envelope

A: Mais gordo e mais rechonchudo. Hoje estou mais gordo, é que Alex está para chegar e está zangada.
T: Ah, sim, e qual é o tamanho da zanga da Alex? És capaz de desenhar aqui noutro papel? (Alex desenha uma bola). Olá dona bola, a senhora tem alguma cor?
A: Não. Não sei.
T: E tamanho?
A: Sou normal.
T: E qual a sua idade?
A: Sou pequena.
T: A senhora tem dono ou dona?
A: Sim, pertenço a uma menina.
T: Ok! E como é que a senhora se chama?
A: Equador.
T: Senhora Equador, muito prazer. Diga-me, o que está a fazer aí? O que faz na vida?
A: Eu sou a raiva da Alex.
T: E porque é que a senhora apareceu na vida da Alex? Ela chamou-a?
A: Não. Eu apareci. Ela não me quer por aqui. Mas eu vou ajudá-la.
T: A fazer o quê? Em que é que a vai ajudar?
A: A pegar o dinheiro todo do envelope.
T: Ah, bom. Pois eu vi que tem lá muito dinheiro. E cresceu nos últimos dias.
A: E vai crescer ainda mais. Aquele envelope, só vai parar de crescer quando a Alex quiser.
T: E quem deve por lá o dinheiro?
A: Os maus.
T: E no que é que a dona Equador, que é a raiva da Alex, vai ajudar a Alex?
A: Eu ajudo a Alex a não ficar fraca.
T: A senhora dá-lhe força.
A: Sim, eu sou a força dela.
T: E é só quando a Alex vai buscar o dinheiro que a Senhora aparece?
A: Não.
T: Que outras alturas?
A: Quando a Alex está na escola e a professora lhe chama a atenção e é injusto.

T: E em que outros momentos?
A: Muitos. Quando ela não consegue fazer alguma coisa que ela sabe que pode.

Processamento: É comum, a partir de uma determinada altura do processo terapêutico, as crianças entrarem "aquecidas" para a sessão e ultrapassarem não só o aquecimento inespecífico como o específico. Nesta sessão em que se está a trabalhar a continuação de um objetivo anterior que é o pedido de perdão, surge pela primeira vez o sentimento de raiva. A raiva não é o primeiro sentimento que aparece na criança vítima de abusos sexuais na infância. Ela chega com culpa, medo, vergonha, estigmatização, falta de confiança. Vamos trabalhando estes sentimentos, qualificando-os e, através das cenas e da técnica de concretização e inversão de papel, a criança vai-lhes dando um sentido e aceitando que eles existem e que voltarão em algum momento da terapia. Também precisam de compreender o motivo pelo qual eles aparecem e a função que têm naquele momento.

Objetivo 7: Sair do papel de cuidador; *Clusters* materno, paterno e fraterno
Sessão: Realizam-se muitos jogos onde Alex ou assume o papel do personagem forte, protetor ou, no papel do personagem fraco, exerce as funções inerentes ao forte: a aluna que ajuda a professora porque os colegas se portam mal, os enfermeiros que tratam das pacientes, as girafas que tratam de leões, entre outros.
Processamento: Vê-se, em alguns momentos, esta preocupação de Alex que inverte, na relação com a mãe, o papel com a mesma e passa de figura cuidada a cuidadora. Devolvemos o papel natural de Alex, colocando-a no papel de quem pede: paciente, em vez de médico, socorrido em vez de bombeiro, o rato em vez do leão. No entanto, esta troca de papel com a mãe, cuidando dela em vez de esperar ser cuidada (que indica um bloqueio da espontaneidade, fazendo com que repita padrões que foram internalizados durante a experiência de abuso sexual), ao mesmo tempo dá-nos pistas sobre a sua capacidade de cuidar, apesar de se ter sentido abandonada.

As tentativas de revelar o abuso geram nas vítimas esta sensação de impotência e abandono. Na revelação, o desespero da mãe, reivindicando um espaço de continência e de compreensão, natural e esperado dado o trauma que supõe para muitas mães esta revelação, pode desencadear na criança sentimentos de impotência e de insegurança, levando-a a querer cuidar da mãe. Neste sentido, no processo terapêutico, esperamos oferecer, não só através do modelo relacional alternativo ao padrão - à Matriz-, mas através dos jogos dramáticos e das técnicas psicodramáticas, um espaço para o desbloqueio da espontaneidade. Por outro lado, o sentimento de desproteção vivido durante o abuso e as tentativas de revelação frustradas, poderiam ter dificultado o desenvolvimento da função *Sharing*, dinâmica construída na relação com os iguais. No entanto, a capacidade para jogar, entrar no lúdico e competir, são indicadores de que o *cluster* fraterno de Alex não foi afetado, pelo que não necessitaríamos de intervir nesta dinâmica vincular.

Objetivo 8: Trabalhar as emoções e os sentimentos
Sessão: A partir de um aquecimento proposto por mim, que consistia em desenhar o seu corpo e pintar com cores diferentes as partes do corpo onde sente alegria, tristeza, saudade, entre outras emoções, de acordo com o que a criança for nomeando, pedi para Alex trocar de papel com cada um dos sentimentos e entrevistá-los (aquecimento específico). Noutra sessão, solicitei à Alex que fizesse com tecidos, trapos e fios, o contorno do seu corpo e que fosse marcando com almofadas coloridas cada um dos seus sentimentos ("os que a acompanharam hoje à sessão") e que fosse entrando no lugar de cada um deles. Numa das sessões, diz que "hoje está feliz". Peço para me mostrar outros sentimentos e entrar nos seus lugares. Começo a entrevista a Alex no papel de "sentimento de alegria".

T: Olá, dona alegria. Como é que a Alex lhe chama?
A: Alegria, mesmo.
T: Qual é a sua cor?
A: Vermelho.
T: E onde é a sua morada no corpo da Alex?

Processamento: Muitos sentimentos negativos que espelham as dinâmicas traumáticas do abuso sexual vêm disfarçados de vários rostos. A técnica de concretização e de inversão de papéis auxiliam a vítima a clarificar as suas emoções e os seus sentimentos, assim como a dirimir confusões (por exemplo, podem trazer a raiva para mascarar uma tristeza profunda). Noutras situações, esta compreensão auxilia a vítima a tranquilizar-se sobre a necessidade daquele sentimento como um suporte para enfrentar as próximas etapas do seu tratamento e às vezes do seu desenvolvimento. Por exemplo, reconhecer que a saudade e a nostalgia podem coexistir com a raiva e a hostilidade, face ao agressor/pai, é importante.

Objetivo 9:
a) Apoiar a mãe na elaboração do luto, no confronto com os seus sentimentos, de modo a que "olhe de frente" a sua experiência e a da sua criança e b) Apoiar a mãe no resgate do seu papel e do vínculo saudável com Alex.

Apresentarei recortes de algumas sessões de psicodrama bi-pessoal com a mãe de Alex - Helena (nome fictício).

Propus atendimento ao pai, a quem chamarei Jorge e aos avós paternos e maternos, que declinaram o convite. Os primeiros não apresentaram qualquer justificativa e os avós maternos alegaram dificuldades económicas para a deslocação à cidade do Porto.

Sessão: Utilizamos, novamente, as técnicas básicas (duplo, espelho, inversão de papéis, concretização. De qualquer modo, a terapeuta funciona neste contexto como um Duplo que apoia a mãe a fazer aquilo que ela não se sente capaz de fazer: a) falar do abuso com Alex, evitando transformar a experiência num assunto tabu e impedindo que Alex retorne à "prisão do silêncio" de onde ela a retirou; b) expressar o que sente ao agressor; c) enfrentar a sua impotência e frustração por não ter conseguido proteger Alex, dando sustentação para ir aos poucos recuperando o seu papel de cuidadora (*holding*). Trouxemos a cena do dia da leitura da sentença, no momento em que o juiz diz ao Jorge que o mesmo está ilibado (apesar das evidências, a prova não é suficiente). Helena monta a cena: uma mesa onde está o juiz, Jorge de pé, ela sentada num banco ao fundo. Utilizo cadeiras e almofadas para marcar as pessoas e os objetos. Peço que ela entre no papel de cada um dos personagens: no de juiz, dizendo a parte final do acórdão, no de Jorge e no seu próprio papel. No papel de Jorge, faz um solilóquio (pensando em voz alta): "eu sabia que não iam acreditar nela, na Alex". Quando entra no seu papel Helena chora e resmunga, dizendo que o juiz é tão culpado quanto Jorge e que tem ódio de todos. Não consegue, contudo, dizer-lhes, frontalmente, o que sente. Da primeira vez que trouxemos esta cena, trabalhamos apenas os sentimentos que surgiram quando a paciente estava no seu papel. A raiva, o ódio, a injustiça que vão dando lugar a outros sentimentos como a solidão, o abandono, a tristeza e o desespero. Estes são trazidos através da técnica da concretização.

> T: Localiza no teu corpo, este sentimento. Toca, com a mão, o lugar onde o estás a sentir. És a raiva da Helena que está aí no estômago. Como te chamas?
> Helena (H): Poderosa.
> T: O que tens feito com a Helena?
> H: Mostro que ela é nada, ela e a filha, nada.
> T: Desde quando é que estás aí no estômago da Helena?
> H: Desde o dia da sentença no tribunal.
> T: Sempre tiveste esta cara, sempre foste raiva?
> H: Não, era tristeza.
> T. E porque viraste raiva?
> H: Acho que ainda sou tristeza.
> T: O que é que fazes com a Helena?
> H: Sou o castigo dela (...).

Na terceira cena do julgamento, num momento em que proponho que faça ou diga o que sente e o que pensa ao juiz e ao Jorge, Helena não consegue fazer nada. Faço, então, um Duplo, posicionada fisicamente atrás dela, com as mãos no seu ombro, e digo ao juiz e ao Jorge "Peguem a culpa e a responsabilidade de volta. Vocês são os responsáveis deste abuso". Helena repete o que eu digo acrescentando palavras duras e, por fim, atira-lhes almofadas que, para ela, simbolizam a culpa, repetindo, ao mesmo tempo, que a culpa é deles ("Fiquem com ela, ela é vossa").

Processamento: Alex tem muitos recursos saudáveis que a ajudarão a ultrapassar este trauma, mas precisa de um mãe equilibrada, que lhe dê o suporte afetivo que Alex necessita para se restabelecer. Vimos anteriormente que a mãe também se sente traída e confusa, pois às vezes sente, claramente, raiva e desprezo, outras revela muita tristeza, porque não esperava que um pai fizesse isto a um filho/uma filha, muito menos ao seu/sua. A mãe é uma vítima secundária neste abuso (Barudy, 2000). Necessita elaborar o luto do marido, da representação social de que um pai é sempre bom para os/as filhos/as. Por outro lado, segundo Ann (1992), muitas mães têm a sensação de que o abuso é um evento que deixará marcas para sempre nos/as seus/suas filhos/as, e, por inerência, a elas também. A confusão de sentimentos das figuras significativas, e mesmo a culpa, a raiva e a tristeza, impedem que sejam, muitas vezes, suporte afetivo para a vítima (*holding, grounding*). No psicodrama, ao ir concretizando os sentimentos, dando-lhes cara e voz vai-se, ao mesmo tempo, legitimando-os: é legítimo sentir raiva e tristeza. Raiva pelo comportamento agressivo face a Alex e tristeza pelo que perdeu: a casa, a família, o marido que era *para sempre*, um projeto de vida, enfim, ao devolver a culpa e a responsabilidade ao Jorge e ao juiz, Helena começa a fortalecer-se para apoiar mais assertivamente a sua filha.

Sharing/processamento

O psicodrama, no tratamento de vítimas de abusos sexuais, tem apresentado resultados muito animadores. O psicodrama enquanto modelo de intervenção que tem a sua base no trabalho de grupos e na socionomia (com as suas vertentes do sociodrama, sociometria e da sociatria) possibilita a sua adaptação à intervenção com variadas sintomatologias e experiências. As suas técnicas e a flexibilização da sua aplicação permitem a sua extensão a quase toda a intervenção individual ou com quase todos os grupos humanos. Veja-se por exemplo, o psicograma[6] que permite a aplicação de variadas técnicas psicodramáticas sem que o/a paciente saia do seu lugar, possibilitando ao/à Diretor/a quebrar algumas resistências, por exemplo, de alguns/algumas pacientes que não se aquecem para a dramatização através da ação física, com crianças que apresentam dificuldades de concentração, com pessoas com problemas de locomoção, entre outros.

De qualquer modo, em essência, podemos dizer que a intervenção do/a psicólogo/a naquelas situações em que está comprovada a existência do abuso sexual, dentro da minha linha de trabalho que é o Psicodrama e a terapia familiar, é semelhante à intervenção com outras problemáticas. Ou seja, o/a menor que temos diante de nós não é um/a menor vítima. É uma criança ou jovem

---

[6] Cf. Apresentação efetuada por Luis Altenfelder no III Congresso Iberoamericano de Psicodrama na Póvoa de Varzim, em 2001: trata-se de um tipo de psicodrama que se desenvolve a partir de desenhos realizados pelo/a protagonista.

com dificuldades resultantes da experiência de abuso sexual. É um olhar que, por si só, no meu entender, lhe retira uma boa percentagem da estigmatização.

Assim, priorizo o trabalho com os sentimentos que estão presentes. Não vamos trabalhar a culpa se ela não aparece. Trabalhamos com as dificuldades que a criança apresenta, quer identifique, ou não, como resultantes da experiência de abuso sexual.

O reviver da experiência não é uma prioridade da intervenção. Ao dar, claramente, a abertura para que a criança fale quando quiser ou não fale nunca, está-se a reforçar a perceção de que é capaz de saber o que é o melhor para ela.

Tendo em vista que a experiência de abuso sexual provoca no/a menor, entre outras, uma sensação de incapacidade e de descontrole sobre a sua vontade, ao passar-se a mensagem de que queremos (e aguentamos) ouvir a sua história, mas não precisamos de a ouvir para a ajudar, poderá ser, por si só, terapêutico. No entanto, a psicoterapia psicodramática, trabalha com a noção de "aqui, agora", o que possibilita o reviver, através do jogo e da dramatização, as cenas que são trazidas pelo/a paciente. Este reviver possibilita uma compreensão do acontecimento e uma reconstrução do passado.

Consideramos, ainda, ser necessário apontar algumas linhas orientadoras importantes:

1. Incluir a família e não só a família nuclear. Muitas vezes a família alargada precisa ser ajudada ou ser chamada a ajudar a família e a vítima. É necessário tentar que, pelo menos, as figuras mais significativas participem do processo.
2. Nunca esquecer da importância de se acreditar na vítima, quer seja ela criança ou adulto.
3. Ter como meta, independentemente do modelo de intervenção, que se consiga que o/a agressor/a peça desculpas à vítima. Se não for possível pessoalmente, que se faça simbolicamente em contexto de psicoterapia.

Para finalizar, defendemos a ideia de que, independente do modelo terapêutico que se adote, a intervenção terapêutica (breve ou processual) com as vítimas de abusos sexuais e com as suas famílias deve fazer parte do protocolo de atuação em todos casos de vitimação sexual de menores.

Referências

Almeida, A. N. (1997). Crianças, maus tratos e famílias. In A. Frade & A. M. Marques (Eds.). *Abusos Sexuais em Crianças e Adolescentes*. (pp. 49-54). Lisboa: APF.

Alves, L. B. (1997). *Intimidades roubadas: crimes sexuais num contexto de modernidade* (Monografia de Licenciatura em Sociologia não publicada). Universidade de Porto: Porto.

Alves, S. M. R. (1995). *Crimes sexuais. Notas e comentários aos artigos 163º a 179º do código penal*. Coimbra: Almedina.

Bannister, A. (2000). Prisoners of the Family: Psychodrama with Abused Children. In P. F. Kellermann & K. Hudgins (Eds). *Psychodrama with Trauma Survivors: acting out your pain*. (pp. 97-113). London: Jessica Kingsley.

Bustos, D. (1982). *O Psicodrama: Aplicações da Técnica Psicodramática*. S. Paulo: Summus.

Bustos, D. (2001). *Perigo...amor a la vista*. Buenos Aires: Aleph.

Canha, J. (2000). *Criança maltratada*. Coimbra: Quarteto.

Cantelmo, C., Matta, K., Fortunato, L. & Paiva, K. (2010).Vitimização secundária: O irmão testemunha o abuso sexual da irmã. *Boletim Psicológico, 60*(132), 15-28.

Carbonell, D. M. & Parteleno-Barehmi, C. (1999). Psychodrama groups for girls coping with trauma. *International Journal of Group Psychotherapy, 49*(3), 285-306.

Cuckier, R. (1992). *Psicodrama bipessoal: sua técnica, seu terapeuta e seu paciente*. S. P.: Ágora.

Fávero, M. (1999). *Los abusos sexuales a menores: el estúdio de la realidade portuguesa*. (Tese de doutoramento não publicada). Universidade de Salamanca: Salamanca.

Fávero, M. (2003). *Sexualidade infantil e abusos sexuais a menores*. Lisboa: Climepsi.

Fávero, M. & Carvalho, L. (2010). *Intrafamilal sexual abuse: transgenerational victimization*. Comunicação oral apresentada no I International Congress Sexuality and Sexual Education, Aveiro.

Finkelhor, D. (1994). The international epidemiology of child sexual abuse. *Child Abuse and Neglect, 17,* 409- 417.

Finkelhor, D. (1997). The victimization of children & youth: developmental victimology. In R. C. Davis, A. J. Lurigio & Skogan, W. G. (Eds.). *Victims of Crime* (pp. 86-107). Thousand Oaks, CA: Sage Publications.

Finkelhor, D. & Browne, A. (1985). The traumatic impact of child sexual abuse: A conceptualization. *American Journal of Orthopsychiatry, 55*(4), 530-541.

Fonseca, J. (1980). *Psicodrama da loucura*. S. P.: Ágora.

Fonseca, J. (2010). *Psicoterapia da relação: elementos do psicodrama contemporâneo*. S. P.: Ágora.

Furniss, T. (1993). *Abuso sexual da criança. Uma abordagem multidisciplinar*. Porto Alegre: Artes Médicas. (originalmente publicado em 1991).

Gonçalves, C. S. (1988). *Psicodrama com crianças*. S. P.: Ágora

Gonçalves, C. S., Wolff, J. R. & Almeida, W. C. (1988). *Lições de psicodrama: introdução ao pensamento de J. L. Moreno*. S.P.: Ágora.

López, F., Fuertes, A., Zapian, J., Carpintero, E., Hernandez, A. & Martín, M. J. (1994). *Abusos sexuales de menores: lo que recuerdan los adultos*. Madrid: Ministerio de Asuntos Sociales.

Loureiro, T. R (2008). *Impacto do abuso sexual na infância na vivência da sexualidade na idade adulta*. (Tese de Mestrado não publicada). Universidade do Minho: Braga.

Marreiros, G. (1997). A resposta do código penal. In A. Frade & A. M. Marques (Eds.). *Abusos Sexuais em Crianças e Adolescentes*. (pp. 71-85). Lisboa: APF.

Mendes, T., Raul, M. R. & Fávero, M. (2003). *O Psicodrama na educação pré-escolar*. (Monografia não publicada). Escola Superior de Educação Paula Frassineti: Porto

Menegazzo, C. M., Zuretti M. & Tomasini. M. (1995). *Dicionário de psicodrama*. S.P: Ágora.

Moreno, J. L. (1972). *Fundamentos de la Sociometria*. Buenos Aires: Paidós

Moreno, J. L. (1974). *Psicoterapia de Grupo e Psicodrama*. São Paulo: Mestre Jou.

Moreno, J. L. (1975). *O Psicodrama*. S. Paulo: Cultrix.

Moreno, J. L. (1984). *O Teatro da Espontaneidade*. São Paulo: Summus.

Moreno, J. L. (1992). *Quem sobreviverá?* Goiânia: Dimensão.

Moura, H. R. (1998). *A expressão violenta da sexualidade: contributo para o estudo dos agressores sexuais*. Dissertação de Mestrado em Psicologia apresentada à Faculdade de Psicologia e Ciências da Educação da Universidade de Coimbra.

Motta, J. (1994). *Jogos: repetição ou criação*. São Paulo: Plexus.

Motta, J. (1995). (Org.). *O Jogo no psicodrama*. São Paulo: Ágora

Nery, M. P. (2003). *Vinculo e afetividade*. S. Paulo: Summus.

Organización Internacional del Trabajo – OIT (2007). *Perspectiva de género e intervención reparatoria a niños, niñas y adolescentes víctimas de explotación sexual comercial*. Santiago do Chile: OIT

Perazzo, S. (2011). O começo do fim. *Vínculos*, n.4 14-32. Retrieved from http://www.itgp.org/revista_vinculos/vinculos_num_4.pdf

Petrilli, S. (2002). *Psicodrama com crianças: raízes, transformações, perspectivas*. Comunicação oral apresentada no XIII Congresso Brasileiro de Psicodrama, Costa do Sauipe.

Quiroz, M. & Rivera; C (2003). *Estudio exploratorio de una intervención Psicoterapeutica psicodramatica en un caso de Abuso sexual infantil intrafamiliar*. (Monografia não publicada). Universidade Diego Portales: Chile.

Rosa, K. T. (2007). *A testemunha do abuso sexual contra irmãos: a vítima esquecida junto ao serviço de proteção*. (Tese de Mestrado não publicada). Universidade Federal de Santa Catarina: Brasil.

Rubini, C. (2000). *O Conceito de papel do psicodrama*. Jornal Existencial, edição especial. Retrieved from
http://www.existencialismo.org.br/jornalexistencial/rubinioconceito.htm

Santos, A.G. (1998). Auto-apresentação, apresentação do átomo social, solilóquio, concretização e confronto. In R. F. Monteiro (Ed.). *Técnicas fundamentais em psicodrama*. (pp. 105-126). São Paulo: Agora.

Tavkar, P. & Hansen, D. (2011). Interventions for families victimized by child sexual abuse: Clinical issues and approaches for child advocacy center-based services. *Aggression and Violent Behavior, 16* (3), 188–199. doi: 10.1016/j.avb.2011.02.005

Vasconcelos, A. D. (2004). *O poder simbólico e as relações coinconscientes dos vínculos familiares: Histórias de vidas de jovens mulheres*. (Monografia não publicada para fins de obtenção de titulação de Psicodramatista) Sociedade Goiana de Psicodrama: Brasil.

Intervenção terapêutica com crianças expostas à violência interparental: Avaliar, priorizar e intervir

Ana Isabel Sani
Universidade Fernando Pessoa, Portugal

Resumo
Este capítulo analisa a pertinência, a emergência e a conceptualização da oferta interventiva terapêutica dirigida a crianças que manifestem algum desajustamento motivado pela experiência de exposição à violência entre os pais. Traçada a ideia de uma consciencialização cada vez maior quanto aos efeitos na criança desta forma de vitimação indireta e firmada a necessidade de uma resposta terapêutica efetiva, debruçamo-nos na referenciação de propostas de intervenção, seus objetivos e estratégias. Determinada a importância de uma boa avaliação psicológica para a definição de quais as áreas de intervenção a priorizar, avançamos para a proposta de um roteiro de intervenção tendo em consideração os diversos objetivos da mudança, alcançáveis através de diversas modalidades de tratamento.

Introdução
Em Portugal, a intervenção terapêutica com crianças expostas à violência interparental só, mais recentemente, começa a proliferar em resultado do

conhecimento firmado pela investigação empírica e contacto com o problema nos serviços públicos e privados e que nos alerta para o impacto negativo que esta experiência de vitimação vicariante tem ao nível do desenvolvimento e ajustamento global do menor. Seguindo as tendências internacionais em termos de intervenção nesta área, assistimos ao aparecimento de algumas propostas que procuram aliviar o sofrimento de algumas destas crianças, que frequentemente com suas mães abandonam o lar para serem acolhidas em casas de abrigo para vítimas de violência doméstica. As condições de efetivação dessa intervenção são limitadas, sendo que a existir, estas atividades raramente avaliadas tem mais um caráter lúdico que terapêutico. Individualmente ou em grupo esta oferta é por si só encarada positivamente, mas importa definir objetivos e estratégias após conhecer bem o problema e a que níveis a experiência de exposição à violência interparental afetou a criança.

Propomos assim neste capítulo começar por refletir sobre o problema da vitimação indireta de crianças no contexto da família e o modo geral como tem sido olhado e trabalhado no nosso país, para de seguida percebermos que respostas interventivas têm emergido, onde se situam e que características apresentam. Importa perceber quais são geralmente as necessidades e áreas de intervenção em crianças expostas à violência interparental, partindo depois para a demonstração de como podemos operar essa resposta interventiva para no fim, de forma fundamentada, apresentarmos um roteiro de intervenção nesta temática.

Estado da Arte em Portugal sobre a intervenção com crianças expostas à violência doméstica

Em Portugal ainda não existe tradição de intervenção e tão pouco de avaliação de crianças expostas à violência interparental. Os primeiros sinais de interesse nessa problemática emergem em finais dos anos 90, em resultado dos primeiros estudos que visam o reconhecimento social do problema, com nocivos efeitos ao nível do desenvolvimento da criança (Sani, 1999, 2002a). A investigação tem sido particularmente profícua (cf. Sani & Almeida, 2011a) em demonstrar o risco acrescido que enfrentam estas crianças, mais que qualquer outra que não experimente na sua vida a violência entre os seus progenitores, de desenvolver diversas dificuldades a nível físico e psicológico, nem sempre suscetíveis de uma sinalização imediata, mas de repercussões por vezes muito significativas a médio e longo prazo.

Tal como noutros países, em Portugal a violência indiretamente sofrida pelas crianças começa a ser alvo de atenção quando em resultado do acompanhamento de casos de mulheres vítimas de violência conjugal começa a ser disponibilizado apoio em termos de saúde física e mental a inúmeras crianças que assistem à dita violência. Os pedidos, diretamente solicitados pelas progenitoras ou resultantes de sinalização por entidades exteriores à família, começam a chegar a entidades públicas e privadas (e.g., Associações de apoio à vítima; Comissões de proteção de crianças e jovens; Gabinetes de apoio à criança e à família; Unidades especializadas de avaliação forense) que de forma remediativa vão dando resposta ao crescente número de casos de crianças, que evidenciando formas múltiplas de desajustamento comportamental, vão expressando o seu modo particular de lidar com as situações de violência na família.

O crescente número de estruturas de apoio especializado que asseguram o acolhimento residencial temporário a vítimas de violência doméstica e seus descendentes (CIG, 2006) veio pôr a descoberto a verdade inequívoca de muitos filhos que conjuntamente com as suas progenitoras foram obrigados a abandonar os seus lares devido à violência severa aí praticada, estimando--se em cada espaço residencial mais crianças que mulheres. Não obstante a ausência de dados nacionais que precisem o número de menores em casas de abrigo, dados internacionais revelam que metade das mulheres que estão em alojamento de emergência traz os filhos com elas (Cunningham & Baker, 2004), estimando-se que mais de metade dos residentes em casa de abrigo sejam crianças (Hogan & O'Reilly, 2007). Dados de Inglaterra e Pais de Gales apontam que mais de 34.000 crianças passem anualmente por casas de abrigos para vítimas de violência doméstica (Rivett, Howarth & Harold, 2006).

Em termos de resposta institucional, a intervenção junto de crianças vítimas indiretas da violência interparental terá ainda de ver alargada a sua ação para além do esforço de proteção e segurança, notadamente necessários, para um plano em que o restabelecimento da qualidade de vida e desenvolvimento equilibrado da criança passam necessariamente pelo processamento e regulação da sua vivência sem violência. Em alguns destes espaços são desenvolvidas algumas atividades de cariz essencialmente lúdico-didático, não especificamente estruturadas para o apoio terapêutico. À semelhança do que é a intervenção com as mães, os esforços são sobretudo direcionados para a saúde física e segurança e outros aspetos igualmente prioritários, como a procura de uma nova instituição educativa, a adaptação escolar, os relacionamentos interpessoais. A realização destes objetivos é, mesmo que indiretamente, favorecedora de uma estabilidade emocional da criança (Coutinho & Sani, 2010), constituindo um complemento importante a qualquer intervenção mais estruturada dirigida especificamente aos filhos.

A literatura (e.g., Holden, Geffner & Jouriles, 1998; Jaffe, Wolfe & Wilson, 1990) tem também demonstrado a existência de uma forte relação entre a adaptação das crianças que estiveram expostas à violência e o ajustamento das mães vítimas de abuso conjugal. A vivência de violência nas relações de intimidade conduz, frequentemente, a vítima ao desenvolvimento de sintomatologia clínica grave (e.g., depressão, elevados níveis de ansiedade, baixa autoestima) e tal acaba por interferir negativamente ao nível do exercício das suas práticas educativas (Sani & Cunha, 2011), com a sua capacidade de gestão da relação com os filhos, a qualidade da vinculação e com o nível de ajustamento das crianças (Levendosky, Huth-Bocks, Shapiro & Semel, 2003). Neste sentido o apoio dado às mães na melhoria do exercício da sua parentalidade, numa abordagem de empoderamento destas enquanto mulheres e mães e de envolvimento do sistema social (Levendosky & Graham-Bermann, 2000; Rabenstein & Lehmann, 2000; Sani, 2008), constituem um auxílio importante para o restabelecer do ajustamento das suas crianças e para a melhoria da relação mãe-filhos.

A consciência social do problema das crianças expostas à violência tem vindo, de fato, a aumentar não só pelo crescente contacto que profissionais com intervenção no domínio da violência doméstica vão tendo com os muitos casos de menores vítimas indiretas deste flagelo, mas porque a investigação tem apostado em dar corpo às imensas preocupações e necessidades sentidas pelos filhos destes casais que vivem em conflito violento.

Em Portugal foram precisos alguns anos para se passar da constatação à prática e se começar a oferecer apoio mais estruturado, alguns de cariz grupal (cf. Grangeia, Sani, Matos & Proença, 2011), tendo como objetivo o ajustamento das crianças. As intervenções individuais, num modelo essencialmente clínico, foram sendo oferecidas a crianças e jovens expostos à violência interparental (cf. Sani, 2004), tendo muitos destes acompanhamentos terapêuticos sido pautados por orientações de cariz cognitivo-comportamental complementadas por outro tipo de abordagens, como os modelos narrativos (cf. Gonçalves & Henriques, 2005) e mesmo orientações básicas dos modelos de intervenção em crise (cf. Matos & Machado, 1999).

Emergência do apoio à criança exposta à violência doméstica

As primeiras intervenções terapêuticas discutidas na literatura datam dos anos 80 nos EUA e Canada (Hughes, 1982; Wilson, Cameron, Jaffe & Wolfe, 1989 as cited in Graham-Bermann & Hughes, 2003; Wolfe, Zak, Wilson & Jaffe, 1986) e na década seguinte surgem na Europa (Hague, Mullender, Kelly, Malos, Debbonaire, 2000). As propostas emergentes foram particularmente úteis ao demonstrarem a necessidade e utilidade da intervenção junto de crianças expostas a violência doméstica. Vários dos programas surgidos na altura decorriam, quase sempre, com crianças acolhidas em casa de abrigo, com grupos muito pequenos e heterogéneos quanto às idades das crianças e tipos de problemas apresentados por estas. O foco interventivo destes programas era essencialmente de cariz clínico, visando a redução de problemas comportamentais (e.g., agressividade, ansiedade) e o reforçar do conhecimento e o uso de estratégias de confronto. Atendendo a que a grande maioria dos estudos internacionais na década de 90 mostrava uma preocupação muito evidente por compreender os mecanismos que poderiam mediar o impacto da exposição à violência interparental, as intervenções da época acabam por refletir muito do conhecimento gerado pelos estudos e teorias entretanto emergentes.

Assim, começa a despertar um interesse crescente pelo apoio às crianças expostas à violência doméstica, um foco que foi despoletado também pela revisão em 1986 dos Objetivos e Princípios do Apoio à Mulher, pelas quais se regiam algumas federações feministas em Inglaterra, que passam a considerar que as crianças, independentemente, são também elas afetadas pela violência doméstica (Hague et al., 2000). Os técnicos das mais diversas áreas de intervenção social passam a incluir na agenda da proteção à infância este apoio às crianças vítimas de violência doméstica, chegando mais tarde muitas das iniciativas por favorecer a emergência de propostas políticas (e.g., Children Act Department of Health) (Rivett, Howarth & Harold, 2006).

Apesar do crescente interesse político, da prática e da investigação que tornam evidente o reconhecimento de que as crianças são profundamente afetadas quando testemunham a violência no seu contexto familiar, o certo é que o trabalho com a criança continuava a ser residual, acompanhado da crença de que tais intervenções não pressuporiam competências específicas para este tipo de intervenções (Hague et al., 2000). Algumas das propostas terapêuticas eram informais, sem avaliação sistematizada das suas intervenções, não havendo programas estandardizados ou manuais construídos e validados (Graham-Bermann & Hughes, 2003).

Atendendo a que trabalhar o problema da violência doméstica é muito complexo alguns serviços, incapazes de dar resposta às inúmeras necessidades sentidas por mulheres e crianças, optam por não abarcar todo o tipo de respostas (Rivett, Howarth & Harold, 2006). Embora mais especializada esta resposta é muito necessária, pelo número incalculável de crianças sinalizadas aos serviços de proteção, de saúde e acolhidas em diversas instituições, como lares e casa de abrigo. Muitas tentativas de apoio a estas crianças expostas à violência doméstica surgem no âmbito do acolhimento, porém reconhece-se também que a intervenção terapêutica com essas crianças, designadamente as residentes em casa de abrigos, está repleta de limitações, relacionadas com o tempo de permanência institucional, a privacidade, o espaço e a acessibilidade, além da já mencionada variabilidade etária, desenvolvimental e na experienciação do fenómeno (Alessi & Hearn, 1984; Coutinho & Sani, 2011). Além disso, muito do trabalho direto com as crianças que tem lugar nas casas de abrigo está sobretudo orientado para a normalização das suas interações e muito pouco para a abordagem dos abusos que testemunharam (Rivett, Howarth & Harold, 2006).

Em plena década de 90 as intervenções passam a incluir avaliações sistemáticas da eficácia dos programas e a consideração dos hipotéticos mecanismos de mudança amplamente explorados em termos teóricos (e.g., Davies & Cummings, 1994; Grych & Fincham, 1990; Jaffe, Wolfe & Wilson, 1990). As intervenções devem ser objeto de avaliação cuidada, não apenas focada na apreciação dos resultados dos programas, na expectativa de identificar mudanças após a intervenção, mas procurando igualmente verificar se a ação foi efetiva para grupos específicos, observando os sintomas das crianças que receberam tratamento (Graham-Bermann, 2001). Seja de forma mais qualitativa, através da realização de entrevistas às crianças ou observação das sessões, como se constata em alguns dos estudos (e.g., Jaffe, Wolfe & Wilson, 1990), seja optando pelo uso de medidas mais quantitativas como o questionário, como se verificam noutros estudos (e.g., Wagar & Rodway, 1995 as cited in Rossman, Hughes & Rosenberg, 2000), o certo é que é de extrema relevância proceder-se à avaliação da eficácia de uma intervenção. Para além disso, um período de *follow-up* após a saída da casa de abrigo e/ou o término do programa individual e/ou de grupo é deveras importante para a monitorização do funcionamento das crianças e mães, depois da situação de transição, que pode ou não coincidir como o retorno para um ambiente violento.

Necessidades e áreas de intervenção com as crianças
A revisão da literatura na área da Vitimologia infantil, concretamente a que analisa o impacto da exposição à violência interparental tem vindo a documentar que os efeitos desta experiência para as crianças são sobretudo a nível psicológico (Sani, 2011), embora se detetem problemas clinicamente significativos em várias áreas (Sani, 2007). A literatura é unânime em afirmar que crianças expostas à violência doméstica apresentam uma variedade de dificuldades emocionais, cognitivas e comportamentais, incluindo elevados sintomas de internalização como são a ansiedade e a depressão (Sturge-Apple, Davies & Cummings, 2006), problemas de externalização como a agressividade e a desobediência (Gonçalves & Sani, 2006; Linder & Collins, 2005), deficit ao nível do funcionamento cognitivo, competência social (Fosco & Grych, 2010; Grych, Fincham, Jouriles & McDonald, 2000), assim como um alto risco desenvolver um diagnóstico formal de depressão ou pós-stresse traumático (Lehmann, 2000; Rossman, 1998).

O reconhecimento através da investigação e prática clínica da existência de mecanismos diretos e indiretos capazes de influenciar o impacto da exposição à violência interparental está bem documentado na literatura, através de diversas abordagens teóricas explicativas (cf. Sani, 2004). Desta forma, a identificação de mecanismos diretos que atuam sem qualquer influência de outro fator, tais como a observação do comportamento agressivo com reflexo nos problemas de externalização ou o stress familiar com efeitos em termos de problemas de internalização (Rossman, Hughes & Rosenberg, 2000), ou por seu turno, a admissão de mecanismos indiretos tais como as alterações no relacionamentos pais–criança ou nas práticas disciplinares (Holden, Stein, Ritchie, Harris & Jouriles, 1998; Sani & Cunha, 2011) concorrem como mediadores importantes a considerar na compreensão do impacto e consequente especificação das áreas de intervenção com estas crianças.

As necessidades de intervenção junto de crianças expostas à violência interparental passam pela redução dos problemas de internalização e de externalização, pelo restabelecimento do seu sentimento de segurança, pelo desenvolvimento de competências, da autonomia e da sua capacidade de relacionamento interpessoal. Na compreensão de que há uma grande variabilidade na forma como cada criança responde ao problema da violência que recorrentemente assiste entre os pais, as propostas interventivas que possam responder efetivamente a todas as necessidades de todas as crianças são também diversas, quer em termos do referencial teórico (e.g., psicodinâmico, comportamental, cognitivo, construtivista ou multidimensional), quer das modalidades de intervenção (e.g., tratamento individual, de grupo, visitas domiciliárias programas com múltiplos componentes) (Iwaniec & Herbert, 1999; Miller-Perrin & Perrin, 1999).

Intervenção terapêutica junto das crianças que testemunham violência na família

A literatura na área da vitimação infantil, dedicada sobretudo à compreensão dos processos através dos quais são as crianças adversamente afetadas pela exposição à violência doméstica dos progenitores ou figuras parentais, permitiu, como vimos um desenvolvimento da intervenção terapêutica junto destas crianças que testemunham violência na família. As práticas conducentes a aliviar os sintomas na criança decorrentes desta experiência de vitimação vicariante devem, desde logo, pautar-se por um cuidado processo de avaliação psicológica que parta do conhecimento geral da problemática e do potencial impacto na criança ou jovem desta exposição, tendo presente que essa apreciação compreensiva deve incluir, entre outras, medidas estandardizadas, observações de comportamentos e entrevistas qualitativas com a criança e a mãe (Sani & Almeida, 2011b). A intervenção deve ser particularizada atendendo-se nessa avaliação aos vários domínios de ajustamento da criança (Pepler, Catallo & Moore, 2000), priorizando-se quais as áreas e estratégias a usar (Rossman, Hughes & Rosenberg, 2000).

As intervenções mais salientadas na literatura são a nível terciário, até por terem sido as primeiras a emergir em resposta aos evidentes sinais de desajustamento exibidos por crianças acolhidas em casas de abrigo para vítimas de violência doméstica (Stephens, McDonald & Jouriles, 2000). A grande maioria dessas propostas interventivas era baseada em modelos de grupo (Rivett, Howarth & Harold, 2006), por haver uma multiplicidade de comportamentos comuns a serem trabalhados, muito embora as abordagens terapêuticas a propor possam diferir, atendendo entre outros aspetos à severidade dos problemas experienciados pela criança, o que pode motivar uma intervenção mais individualizada.

As intervenções em grupo permitem que as crianças, num clima de aceitação, possam explorar questões sobre a aceitabilidade da violência, a segurança, a resolução do conflito ou formas alternativas de lidar com o problema (Ericksen & Henderson, 1998). Dois dos programas de intervenção em grupo mais notáveis foram apresentados em Jaffe, Wolfe e Wislon (1990) e por Peled e Davis (1995), sendo ambos propostas de intervenção em grupo com o objetivo de proporcionar às crianças uma oportunidade para que estas contem as suas experiências, trabalhando igualmente com elas com o propósito de mudar as suas crenças relativamente à violência doméstica. Ambos os programas compreendem 10 sessões de trabalhos em grupo, que se estendem por um período idêntico de 10 semanas, cobrindo temas similares que pretendem promover o conhecimento sobre o problema da violência doméstica e capacitar a criança para o *coping* com situações de violência futuras. O programa de Jaffe, Wolfe e Wilson (1990) estruturava-se de forma flexível nos seguintes módulos de trabalho: i) introdução; ii) definição de sentimentos; iii) lidar com a agressividade; iv) competências de segurança; v) suporte social; vi) competência social e autoconceito; vii) responsabilidade por um progenitor ou pela violência; viii) compreensão da violência familiar; ix) desejos acerca da família; x) revisão e término. O programa de Peled e Davis (1995) traça quatro objetivos gerais de intervenção: i) a quebra do segredo do abuso; ii) a aprendizagem de estratégias de individuais de proteção; iii) o grupo como um ambiente positivo e de segurança; iv) o reforço da autoestima da criança. Além destes dois programas é de referir um outro designado de "Kids Club" proposto por Graham-Bermann (1992 as cited in Rossman, Hughes & Rosenberg, 2000) que seguiu os mesmos propósitos de redução do impacto da violência doméstica em crianças de ambos os sexos, com idades entre os 6 e 12 anos. Neste modelo de intervenção em grupo havia dois facilitadores e os temas trabalhados com as crianças incluíam as emoções, os medos associados ao abuso, as crenças acerca dos papéis familiares e de género, assim como o comportamento das crianças no contexto de grupo.

Alguns destes programas (e.g., Jaffe, Wolfe & Wislon, 1990; Peled & Davis, 1995) voltados sobretudo para a intervenção com crianças sinalizadas a serviços de saúde mental ou proteção de crianças, consideram a possibilidade de haver sessões paralelas com os pais, frequentemente as mães, para que algumas questões discutidas nas sessões com as crianças possam ter continuidade fora do contexto de grupo. Muitos dos temas cobertos passam pela definição do que é abuso, a descrição do que foi testemunhado pela criança, o falar sobre emoções, o trabalhar um plano de segurança e a educação sobre igualdade de género. No entanto, a participação da família nestas modalidades de intervenções em grupo tem, por vezes, outros objetivos como sejam trabalhar os relacionamentos pais-criança, fomentar práticas disciplinares positivas ou promover um ambiente seguro, funcionando os pais como figuras de suporte emocional (Macmillan & Harpur, 2003). Esta participação dos progenitores em paralelo com a intervenção com crianças é uma modalidade desejável, existindo mesmo programas que oferecem sessões conjuntas em que se trabalha com as mães e as próprias crianças ao mesmo tempo (e.g., Rabenstein & Lehmann, 2000; Sudermann, Marshall & Loosely, 2000; Sullivan, Egan & Koch, 2004). Os tópicos cobertos são muito similares aos anteriormente referidos incluindo a identificação de comportamentos, a exploração de emoções ou a desconstrução de mitos (Rivett, Howarth & Harold, 2006). O trabalho específico com as mães no que respeita às suas competências parentais pode ser extremamente útil, dada a tendência por vezes existente para um uso de estratégias de disciplina punitivas como forma de educar os seus filhos (Sani & Cunha, 2011).

Ao nível das intervenções em grupo podem ser traçadas sessões conducentes ao diagnóstico precoce e prevenção de desajustamento infantil, dirigidas a crianças em situação de risco independentemente do problema de violência doméstica estar instalado. Nesta lógica de prevenção mais secundária, os programas podem incluir atividades que trabalhem aspetos do quotidiano, oferecer terapia ou aconselhamento, assim como serviços jurídicos (Humphreys, 1998), podendo os mesmos ser dirigidos especificamente às crianças, muitos deles no âmbito de propostas académicas de intervenção ou envolver as famílias no âmbito de projetos mais abrangentes de intervenção comunitária. Para alguns autores (e.g., Carlson, 1996 as cited in Rossman, Hughes & Rosenberg, 2000) a intervenção junto de crianças expostas à violência doméstica deve, idealmente, congregar diferentes formatos e públicos alvo, incluindo vários elementos, tais como avaliação e aconselhamento individual, apoio jurídico, intervenção em grupo para crianças, atividades recreativas regulares e estruturadas, serviços de acompanhamento e prevenção, educação parental e grupos de suporte para mães, considerando a avaliação de todos os aspetos do programa.

A componente mais clínica surge noutros programas mais focalizados na redução e sintomas específicos capazes de potenciar alterações diruptivas de comportamento, depressão infantil ou formas particulares de ansiedade nas crianças. Entre as práticas interventivas incluem-se o uso de técnicas de gestão de stresse, a reconstrução cognitiva de atribuições erróneas e a mudança generalizada de atitudes e comportamentos. Um programa que envolve estes componentes e que pode ser adaptado para o tratamento clínico de sintomas resultantes de outras formas de exposição à violência é o modelo proposto por Berman, Silverman e Kurtines (2000) que inclui exercícios baseados na exposição, procedimentos cognitivos e comportamentais, num formato em grupo. Este modelo tem a sua eficácia comprovada na intervenção com crianças com perturbações de ansiedade e fobias mas pode, segundo os autores, ser adaptado para uma intervenção de âmbito escolar com crianças e jovens que tenham estado expostos a diversas formas de violência (Berman, Silverman & Kurtines, 2000). Não obstante muitas das estratégias derivarem da experiência clínica e de formulações teóricas, mais do que de trabalhos empíricos (Rossman, Hughes & Rosenberg, 2000), o facto é que mostram-se bastante válidas.

Se as dificuldades da criança exposta à violência interparental forem muito pronunciadas ou esta evidenciar sintomatologia severa, como perturbação de pós-stresse traumático passível de ser diagnosticada em algumas crianças (Costa & Sani, 2007; Rosenberg, Giberson, Rossman & Acker, 2000), a intervenção individual pode ser a solução mais recomendável (Peled & Davis, 1995). Esta intervenção pode assumir formas muito diversas, dependendo da idade da criança, do seu estádio de desenvolvimento e história de exposição à violência, podendo as propostas terapêuticas enquadrar-se em múltiplos paradigmas teóricos. A terapia lúdica (Schaefer & Cangelosi, 1997) ou terapia pela arte (Malchiodi, 1990) constituem propostas interventivas interessantes, porém em quadros de sintomatologia severa podem ser requeridas abordagens mais focalizadas nos problemas. A abordagem clínica de orientação cognitivo-comportamental tem-se mostrado bastante eficaz no aliviar de psicopatologia e trauma na criança, na redução de problemas de externalização (e.g., agressividade) e/ou de internalização (e.g., elevados níveis de ansiedade). Além da enorme dificuldade sentida pelas crianças expostas à violência interparental na regulação comportamental e emocional (e.g., em inibir ou controlar sentimentos fortes, em acalmar-se antes de passar ao ato), há também dificuldades de autopercepção (e.g., compreensão das emoções e atributos pessoais; necessidade de se concentrar na exatidão das percepções pessoais), aliados a problemas de vinculação e relacionamento (e.g., rejeição, inversão de papéis, problemas de limites, desconfiança, reduzidas competências sociais), áreas que segundo Friedrich (1996) são as principalmente afetadas em crianças vítimas de qualquer tipo de maus tratos. Tendo por base este entendimento o autor propôs um modelo integrado de psicoterapia para crianças vítimas de abuso tendo em consideração uma diversidade de dificuldades exibidas por estas, designadamente nos domínios da vinculação, desregulação e autopercepção (Friedrich, 1996).

Se as áreas definidas para intervenção forem múltiplas é desejável que a criança beneficie de uma série de níveis de intervenção terapêutica especializados a implementar de forma crescente e dirigida às necessidades complexas da criança, também estas hierarquizadas desta forma (Silvern, Karyl & Landis, 1995). Na psicoterapia individual proposta por Silvern, Karyl e Landis (1995) para crianças expostas ao abuso das mães, os autores sugerem quatro estratégias de intervenção específicas, que incluem i) a sinalização dos sintomas pós-stresse traumático; ii) a facilitação da revelação com "conversação direta"; iii) o uso da dessensibilização e reestruturação cognitiva; e iv) a interpretação e sintomas simbólicos.

Proposta de um roteiro de intervenção
A existência de violência doméstica é geralmente um segredo familiar, estando as crianças frequentemente influenciadas por uma espécie de código de leal-

dade, que as obriga a não contar nada sobre a família, tornando-se elas próprias protetoras dos seus pais (Sani, 2005). Isto implica desde logo um enorme cuidado na abordagem ao problema, não pressionando a criança à revelação, sem que esta se sinta segura e confortável em partilhar o segredo da família. Esta revelação pode ser muito difícil (Hester, Pearson & Harwin, 2000), quer pela antecipação das consequências que daí podem resultar, quer pelo receio de que ao recordar alguns desses eventos esta possa sentir-se ainda mais desconfortável, revivendo sentimentos negativos e relembrado memórias de acontecimentos violentos.

Se se prevê a condução de um processo de acompanhamento da criança ou jovem, então, primeiramente salvaguardemos as questões éticas considerando, logo desde início, a solicitação de consentimento informado por parte dos responsáveis legais do menor. Importa estar atento, sobretudo no caso de existir um processo de separação ou divórcio dos progenitores da criança, à existência ou não de um exercício de responsabilidades parentais conjunto em questões de particular importância para a vida do menor pressupondo, no caso de haver essa partilha, a obtenção do consentimento de ambos os progenitores.

No caso de ocorrer uma revelação espontânea pela criança de que há violência doméstica entre os seus progenitores, havendo da parte destes uma total denegação da existência do problema, encontramos aqui um dos maiores desafios para a intervenção. Esta situação implicará uma intervenção em crise, que para ser bem sucedida não poderá criar o risco de negação da criança por receio de que a violência possa estender-se ou continuar sobre ela, nem produzir o risco de escalada do problema. Há um aspeto que tem necessariamente de ser pensado numa situação como esta e que tem a ver com os limites da confidencialidade que devem ser muito bem discutidos com a criança, no sentido de evitar que esta se sinta traída na confiança que depositou inequivocamente no terapeuta. Esta referenciação deve ser clara e desde cedo admitir a possibilidade de partilha de informação com outros profissionais ou mesmo com a família (Carlson, 2000). Neste sentido, um relacionamento estreito com diferentes entidades da comunidade (e.g., serviços de proteção judiciária ou não judiciária, serviços de saúde), numa articulação em rede, pode ser de especial importância, de modo a minimizar, entre outros, o risco de revitimação.

O estabelecimento prévio de uma boa relação de confiança entre a criança e o terapeuta, a qual pode ser criada de forma lúdica (e.g., através de jogos, leituras sobre os direitos) com crianças mais pequenas ou de forma mais aberta e conversacional com jovens que revelem um melhor entendimento sobre o problema em causa, pode desde o início facilitar o processo interventivo. Esta opção por uma abordagem mais ou menos diretiva vai depender, não apenas da idade da criança, mas também da abordagem interventiva que assumirmos. Algumas propostas terapêuticos, de orientação essencialmente mais clínica, consideram que a diretividade é importante para dar estrutura cognitiva, para interromper o evitamento de detalhes traumáticos e para trabalhar crenças relacionadas com a culpa e impotência (Silvern, Karyl & Landis, 1995). A nossa proposta passa por uma abordagem mais progressiva quanto a uma eventual revelação do problema, trabalhando-se o segredo tal como o fazemos na abordagem a outras formas de vitimação infantil (e.g., abuso sexual). À medida que vamos validando a experiência da criança, vamos igualmente desmontando receios e crenças (e.g. ideia de que são únicos na sua vivência de vitimação indireta), valorizando eventuais tentativas de revelação ou de resolução do problema.

Quando a abordagem ao problema da violência entre pais junto da criança está menos coberto, pois é admitido pelos pais e está já sinalizado na comunidade, importa deles logo perceber se estamos na posse dos dados que nos permitem perceber a extensão e tipologias de violência presenciadas pela criança (Sani, 2005). Isto desde logo nos remete, uma vez mais, para a necessidade de uma prévia e cuidada avaliação do problema de exposição da criança à violência doméstica, fazendo uso de uma série de medidas e técnicas testadas e aprovadas cientificamente (Sani, 2011a). Nesta avaliação serão identificados os principais preditores que nos farão compreender o estado de funcionamento (des)adaptivo despoletado por esta vivência em violência, relacionando-os com os fatores de risco e de proteção, entretanto detetados, que nos permitirão conhecer as necessidades da criança e nos ajudarão na conceptualização de quais as áreas prioritárias da intervenção terapêutica. Esta intervenção deve ainda trabalhar vários aspetos que permitam à criança tornar-se resiliente a eventuais situações de trauma, como pode ser o conflito interparental.

A opção pelo acompanhamento individualizado ou a modalidade de intervenção clínica em grupo depende do grau de desajustamento avaliado na criança ou jovem. Se os problemas apresentados pela criança forem vários e/

ou severos a ponto de poder afetar outras crianças pela partilha da sua experiência, se o seu comportamento for demasiado agressivo para o convívio com outras crianças (Peled & Davis, 1995) ou demasiado inibido que lhe crie ansiedade e desconforto, a intervenção individual é certamente a modalidade mais adequada para o trabalho terapêutico com crianças que testemunharam violência interparental. A intervenção clínica em grupo é bastante aconselhável quando denotamos que pode ser benéfico para a criança a descoberta de outras histórias idênticas, que a façam compreender que a exposição à violência entre os pais integra a experiência de outras crianças e que, todas em conjunto, podem aprender respostas alternativas. O ambiente de grupo terá de ser acolhedor e seguro, para que a criança se sinta confortável e possa lidar com as suas experiências dolorosas (Peled & Davis, 1995).

Na constituição de um grupo importa considerar que o mesmo deve ser pequeno (6 a 8 elementos ou menos), estar organizado atendendo à proximidade etária, ser heterogéneo quanto à composição por sexo. As sessões não poderão ser muito longas (60 a 90 minutos) e uma duração do programa deve rondar as 6 - 10 semanas (Jaffe, Wolfe & Wilson, 1990; Peled & Edleson, 1995; Peled & Davis, 1995). As experiências de intervenção em grupo podem, de facto, ser bem sucedidas (Grangeia et al., 2011) e representar uma oportunidade para apoiar a criança na redução das dificuldades manifestadas a vários níveis e que se traduzem em alterações no seu ajustamento global, assim como a capacitá-la de um conjunto de competências que visem o confronto mais adaptativo com o problema da violência interparental.

A definição dos objetivos da intervenção, seja para um acompanhamento individual e/ou em grupo, emerge naturalmente das conclusões retiradas da avaliação psicológica realizada para cada caso. Nesta definição importa priorizar quais os aspetos e as áreas a intervir, não só pela impossibilidade de abordar todas em simultâneo, mas porque se procedermos a uma análise sistematizada em termos de formulação de caso (Persons & Tompkins, 1997) compreenderemos de que modo estarão vários problemas interligados, quais as crenças que podem estar a suster os problemas e eventuais situações precipitantes. A partir daqui podemos estudar quais as hipóteses de trabalho e considerando quer a origem do problema quer os eventuais obstáculos à intervenção, delinear um plano de tratamento estipulando estratégias e objetivos visem contribuir para a mudança adaptativa.

No trabalho terapêutico com crianças expostas à violência interparental é desde logo um objetivo realista começar por apoiar a criança na compreensão e discussão sobre o problema da violência na família. É importante que a criança aprenda a identificar as diferentes formas de abuso (e.g., físico, sexual, psicológico, verbal) e perceba que existem expressões não abusivas, não agressivas e outras formas de expressão de sentimentos não violentas para resolver conflitos.

Outro objetivo crucial na intervenção é desenvolver com a criança competências de segurança, até porque a sua experiência de vida vai permite-lhe perceber que as diversas formas de abuso podem repetir-se, inclusive de modo imprevisível e que mesmo que a família se separe, o agregado se reconstrua ou, eventualmente, volte a reunir-se, a violência pode não cessar. Em termos práticos podemos dedicar-nos a construir com as crianças um plano de segurança, que seja simples e no qual conste a identificação de um local seguro, de uma pessoa de segurança e dois ou três aspetos que possam ser ensaiados sobre o que fazer num situação de emergência (cf. Sani, 2002b). Na sequência deste trabalho faz todo o sentido envolvê-la na prevenção secundária de situações de violência futuras.

Paralelamente ao que foi dito é essencial que a criança vá reconhecendo que não é responsável pela violência entre os seus pais e que o controlo das situações é difícil, se não mesmo impossível de conseguir-se. O sentimento de responsabilização é muitas vezes vivido de forma intensa pela criança que considera ser ela o motivo para a violência entre os pais (e.g., por ter nascido, pelo seu comportamento, por questões académicas) (Sani, 2011). Algumas crianças envolvem-se, por essa razão, no confronto direto com o agressor e a ineficácia das suas estratégias colocam-nas, por vezes, numa situação de risco de vitimação direta. Por tudo isto, mas porque frequentemente a criança acaba por se percecionar como incapaz de exercer controlo e de atuar competentemente sobre a situação, o que interfere necessariamente com o seu autoconceito, trabalhar as atribuições causais e a responsabilidade pelos eventos traduzem-se como objetivos incontornáveis.

O espaço terapêutico deverá permitir que a criança lide com sentimentos e emoções negativas, mas deve ser igualmente um contexto onde esta possa exprimir abertamente os seus desejos, para si e para os relacionamentos familiares. Estes e todos os outros objetivos podem ser concretizados através de apresentações, grupos de discussão, modelagem, jogo de papéis (*role-playing*), projetos artísticos (desenhos e colagens) trabalhos de casa, entre outros. Estas atividades podem obter a participação das figuras de suporte da criança (e.g., mães, pais, avós, tios), as quais poderão reforçar a aquisição de competências, a modificação de condutas, a aprendizagem de estratégias de *coping* ou competências de resolução de problemas. Tais estratégias inserem-se no âmbito de diversos modelos teóricos de intervenção, sendo o mais influente o de cariz cognitivo-comportamental, pelas abordagens psicoeducacionais muito úteis na intervenção com crianças (Rudo & Powell, 1996). Como referido previamente neste capítulo, o envolvimento das mães, em conjunto ou em paralelo com a intervenção junto da criança, pode ser benéfico e até muito desejado pelas progenitoras, pois o seu bem estar e carências são também guiados pelas necessidades da criança (Rudo & Powell, 1996; Spears, 2000). Daí que trabalhar as competências parentais e o relacionamento com os filhos, além de todo o apoio físico e emocional que lhes possa ser dado e permita continuarem a funcionar como eventuais figuras de suporte para a criança, sejam outros dos objetivos a prosseguir.

Por fim, importa referir a importância de uma intervenção tão precoce quanto possível no sentido de minimizar as sequelas de um impacto negativo ao nível do ajustamento da criança e jovem. Ao nível da intervenção primária podem ser desenhados programas a aplicar em escolas, as quais podem ter um importante papel na educação da criança acerca da violência e no reforçar de valores que podem contribuir para eliminá-la, designadamente no quadro dos relacionamentos familiares. A escola pode oferecer alguma esperança no desenvolvimento de novas atitudes e comportamentos que promovam relacionamentos saudáveis e estratégias de resolução de conflito não violentas.

Conclusão

Numa revisão dos programas existentes para apoiar estas crianças, constata-se que há uma diversidade de propostas que vão sendo diferentes e qualitativamente mais ajustadas, à medida que também se vai desenvolvendo o conhecimento sobre o modo como a exposição à violência interparental afeta as crianças. A ideia de uma modalidade única de intervenção não satisfaz os propósitos de atuação nesta matéria, desde logo pela variabilidade com que as crianças evidenciam o impacto, frequentemente negativo da exposição à violência interparental. As propostas terapêuticas, quer sejam elas de aplicação individual e/ou em grupo, resultam de um conhecimento profundo das necessidades e áreas de intervenção geralmente evidenciadas pelas crianças, porém será da realização de uma cuidada avaliação psicológica que resultará a definição do plano de tratamento. Desta forma conseguiremos definir quais às áreas de intervenção prioritárias, quais os alvos diretos da nossa ação, modelos teóricos e modalidades me permitem mais concretamente atingir os objetivos traçados. Avaliar, priorizar e intervir é lema que julgamos melhor se ajustar à intervenção terapêutica com crianças expostas à violência interparental.

Referências

Alessi, J. J., & Hearn, K. (1984). Group treatment of children shelters for battered woman. In A. R. Roberts (Ed.), *Battered woman and their families: intervention strategies and treatment programs.* (pp. 84-115). New York: Springer Publishing Company. Retirado de http://www.infoxchange.net.au/wise/DVIM/DVChild-alessihearn.htm

Berman, S. T., Silverman, W. K., & Kurtines, W. M. (2000). Youth exposure to crime and violence: its effects and implications for intervention. *Journal of Cognitive Psychotherapy: an international quarterly, 14* (1), 37-50.

Carlson, B. E. (2000). Children exposed to intimate partner violence: research findings and implications for intervention. *Trauma, Violence, & Abuse, 1*(4), 321-342. doi:10.1177/1524838000001004002

CIG (Comissão para a Cidadania e Igualdade de Género) (2006). *Guia de Recursos na Área da Violência Doméstica.* Estrutura de Missão contra a Violência Doméstica. Presidência do Conselho de Ministros. Ministério da Solidariedade, do Trabalho e da Segurança Social.

Costa, V. A., & Sani, A. I. (2007). Sintomatologia de pós-stress traumático em crianças expostas a violência interparental: do conflito ao ajustamento. *Revista da Faculdade de Ciências da Saúde,* Universidade Fernando Pessoa, 4, 282-291.

Coutinho, M. J., & Sani, A. I. (2010). Casas Abrigo: A Solução ou o Problema? *Psicologia: Teoria e Pesquisa, 26* (4), 99-108.

Cunningham, A., & Baker, L. (2004). *What About Me: Seeking to Understand the Child's View of Violence in the Family.* London, On: Centre for Children e Families in the Justice Systems of the London Family Court Clinic.

Davies, P. T. & Cummings, E. M. (1994). Marital conflict and child adjustment: an emotional security hypothesis. *Psychological Bulletin, 116,* 387-411.

Ericksen, J. R., & Henderson, A. D. (1998). Diverging realities. Abused women and their children. In J. C. Campbell (Ed.), *Empowering survivors of abuse. Health care for battered women and their children.* (pp.138-155). Thousand Oaks: Sage Publications.

Fosco, G. M. & Grych, J. H. (2010). Adolescent triangulation into parental conflicts: longitudinal implications for appraisals and adolescent-parent relations. *Journal of Marriage and Family, 72,* 254-266.

Friedrich, W. N. (1996). An integrated model of psychotherapy for abused children. In. J. Brier, L. Berliner, J. A. T. Reid (Eds.), *The APSAC Handbook on child maltreatment* (pp. 104-118). Thousand Oaks, CA: Sage.

Gonçalves, M., & Henriques, M. (2005). *Terapia narrativa da ansiedade.* 3ª Edição. Coimbra: Quarteto Editora.

Gonçalves, S. & Sani, A. I. (2006). Agressividade em crianças e jovens e exposição à violência interparental. In C. Machado, L. S. Almeida, M. Gonçalves & V. Ramalho (Org.), *Atas XI Conferência Internacional de Avaliação Psicológica: formas e contextos.* (pp. 365-376) Braga: Psiquilibrios.

Graham-Bermann, S. A. (2001). Designing intervention evaluation for children exposed to domestic violence: applications of research and theory. In S. A. Graham-Bermann & J. Edleson (Eds.), *Domestic violence in the lives of children. The future of research, intervention and social policy.* (pp. 237-267). Washington: American Psychological Association.

Graham-Bermann, S. & Hughes, H. (2003). Intervention for children exposed to interparental violence (IPV): assessment of needs and research priorities. *Clinical Child and Family Psychology Review, 6* (3), 189-204.

Grangeia, H., Sani, A., Matos, M., & Proença, R. (2011). Crianças expostas à violência interparental: Intervenção psicológica em grupo. In A. I. Sani (Coord.), *Temas de Vitimologia: realidades emergentes e respostas sociais.* (pp. 307-326) Coimbra: Editora Almedina.

Grych, J. H. & Fincham, F. D. (1990). Marital conflict and children's adjustment: a cognitive contextual framework. *Psychological Bulletin, 108,* 267-290.

Grych, J. H., Fincham, E. N., Jouriles, E. N. & McDonald, R. (2000). Interparental conflict and child adjustment: testing the meditational role of appraisals in the cognitive-contextual framework. *Child development, 71* (6), 1648-1661.

Hague, G., Mullender, A., Kelly, L., Malos, E., Debbonaire, T. (2000). Unsung innovation: the history of work with children in UK domestic violence. In J. Hammer & C. Itzin (Eds.), *Home truths about domestic violence. Feminist influences on policy and practice: a reader* (pp.113-129). London: Routledge.

Hester, M., Pearson, C., & Harwin, N. (2000). *Making an impact: children and domestic violence: A reader*. London: Jessica Kingsley Publishers.

Hogan, F., & O'Reilly, M. (2007). *Listening to Children: Children's Stories of Domestic Violence*. Retirado de: http://www.omc.gov.ie/documents/publications/Listening_childrens_stories_domestic_violence_11_Oct_07.pdf

Holden, G. W., Stein, J. D., Ritchie, K. L., Harris, S. D. & Jouriles, E. N. (1998). Parenting Behaviors and beliefs of battered woman. In G. W. Holden, R. Geffner & E. N. Jouriles (eds.), *Children exposed to marital violence. Theory, research and applied issues* (pp. 293 - 334). Washington: American Psychological Association.

Holden, G. W., Geffner R., & Jouriles, E. N. (1998). *Children exposed to marital violence. Theory, research and applied issues*. Washington: American Psychological Association.

Jaffe, P. G., Wolfe, D. A., & Wilson, S. K. (1990). *Children of battered woman*. USA: Sage Publications.

Lehmann, P. (2000). Posttraumatic stress disorder (PTSD) and child witness to mother--assault: a summary and review. *Children and Youth Services Review, 22* (3/4), 275-306.

Levendosky, A., Huth-Bocks, A., Shapiro, D., & Semel, M. (2003). The impact of domestic violence on the maternal-child relationship and preschool-age children's functioning. *Journal of Family Violence, 17* (3), 275-287.

Linder, J. R. & Collins, W. A. (2005). Parent and peer predictors of physical aggression and conflict management in romantic relationships in early adulthood. *Journal of Family Psychology, 19*, 252-262.

Macmillan, K., & Harpur, L. (2003). An Examination of Children Exposed to Marital Violence Accessing a Treatment Intervention. *Journal of Emotional Abuse, 3* (3-4), 227-252. doi: 10.1300/J135v03n03_04.

Matos, M., & Machado, C. (1999). Violência conjugal e o modelo de intervenção em crise. *Psicologia: Teoria, Investigação e Prática, 4*, 373-388.

Peled, E., & Davis, D. (1995). *Groupwork with children of battered woman: a practioner's guide*. London: Sage Publications.

Peled, E., & Edleson, J. (1995). Process and outcome in small gropus for children of battered woman. In E. Peled, P. G. Jaffe & J. L. Edleson (Eds.), *Ending the cycle of violence. Community responses to children of battered woman*. (pp. 77-96). Thousand Oaks: Sage Publications.

Persons, J. B., & Tompkins, M. A. (1997). Cognitive-behavioral case formulation. In T. D. Eells (Ed.), *Handbook of psychotherapy case formulation* (pp.290-316). New York: Guilford Press.

Rabenstein, S., & Lehmann, P. (2000). Mothers and child together: a family group treatment approach. In R. A. Geffner, P. G. Jaffe & M. Sudermann (Eds.), *Children exposed to domestic violence. Current issues in research, intervention, prevention and policy development.* (pp. 185-205). New York: The Haworth Maltreatment & Trauma Press.

Rivett, M., Howarth, E., & Harold, G. (2006). 'Watching from the stairs': towards an evidence-based practice in work with child witnesses of domestic violence. *Clinical Child Psychology and Psychiatry, 11*(1), 103-125. doi: 10.1177/1359104506059131.

Rosenberg, M. S., Giberson, R. S., Rossman, B. B. & Acker, M. (2000). The witness of family violence. In Ammerman & Hersen (Eds.), *Case studies in family violence.* (pp.259-291). New York: Academic / Plenum Publishers.

Rossman, B. B. (1998). Descartes's error and posttraumatic stress disorder: cognition and emotion in children who are exposed to parental violence. In G. W. Holden, R. Geffner & E. N. Jouriles (eds.), *Children exposed to marital violence. Theory, research and applied issues* (pp. 223-256). Washington: American Psychological Association.

Rossman, B. B., Hughes, H. M. & Rosenberg, M. S. (2000). *Children and interparental violence: the impact of exposure.* USA: Bruner / Mazel.

Rudo, Z. H. & Powell, D. S. (1996). *Family violence: A review of a literature.* Florida Mental Health Institute: University of South Florida.

Sani, A. I. (1999). As vítimas silenciosas: a experiência de vitimação indireta nas crianças. *Psicologia: Teoria, investigação e Prática, 2,* 247-257.

Sani, A. I. (2002a). *As crianças e a violência: Narrativas de crianças vítimas e testemunhas de crimes.* Coimbra: Quarteto Editora.

Sani, A. I. (2002b). Crianças expostas à violência interparental. In. C. Machado & R. A. Gonçalves (Coords.), *Violência e vítimas de crimes.* Vol. II. (pp. 95-131). Coimbra: Quarteto Editora.

Sani, A. I. (2004). Abordagens teóricas da violência interparental: compreensão do ajustamento da criança ao conflito dos pais. *Psicologia: Teoria, investigação e prática,* 2, 153-177.

Sani, A. I. (2005). Avaliação de crianças expostas à violência interparental. In R. A. Gonçalves & C. Machado (Coords.), *Psicologia Forense.* (pp. 247-271). Coimbra: Quarteto Editora.

Sani, A. I. (2007). Las consecuencias de la violencia interparental en la infancia. In R. Arce, F. Fariña, E. Alfaro, C. Civera y F. Tortosa (Eds.), *Psicología Jurídica Violencia y Victimas.* (pp. 13-21). Valencia: Sociedad Española de Psicología y Ley.

Sani, A. I. (2008). Mulher e mãe no contexto de violência doméstica: a experiência de parentalidade. *Ex-aequo – Revista da Associação Portuguesa de Estudos sobre as mulheres, 18,* 123-133.

Sani, A. I. (2011). *Crianças vítimas de violência: representações e impacto do fenómeno.* Porto: Edições UFP.

Sani, A. & Almeida, T. (2011a). Violência interparental: a vitimação indireta de crianças. In A. I. Sani (Coord.), *Temas de Vitimologia: realidades emergentes e respostas sociais.* (pp. 11-31) Coimbra: Editora Almedina.

Sani, A., & Almeida, T. (2011b). Avaliação psicológica de crianças expostas à violência interparental. In M. Matos, R. A. Gonçalves & C. Machado (Coords.), *Psicologia Forense: Contextos, práticas e desafios* (pp. 159-173). Braga: Psiquilibrios.

Sani, A. I. & Cunha, D. (2011). As práticas educativas parentais em mulheres vítimas e não vítimas de violência conjugal. *Psicologia: Teoria e Pesquisa, 27*(4), 429-437.

Silvern, L., Karyl, J., & Landis, T. Y. (1995). Individual psychotherapy for the traumatized children of abused women. In E. Peled, P. Jaffe, & J. Edleson (Eds.), *Ending the cycle of violence: Community responses to children of battered women.* (pp. 43–76). Thousand Oaks, CA: Sage; 1995.

Spears, L. (2000). *Building bridges between domestic violence organizations and child protective services. Building a comprehensive solutions to domestic violence, 7.* A Policy and Practice Paper. U.S. Department of Health and Human Services

Stephens, N., McDonald, R., & Jouriles, E. N. (2000). Helping children who reside in shelters for battered woman: lessons learned. In R. A. Geffner, P. G. Jaffe & M. Sudermann (Eds.), *Children exposed to domestic violence. Current issues in research, intervention, prevention and policy development.* (pp. 147-160). New York: The Haworth Maltreatment & Trauma Press.

Sturge-Apple, M. L, Davies, P. T. & Cummings, E. M. (2006). Impact of hostility and withdrawal in interparental conflict on parental emotional unavailability and children's adjustment difficulties. *Child Development, 77* (6), 1623-1641.

Sudermann, M., Marshall, L., & Loosely, S. (2000). Evaluation of the London (Ontario) community group treatment programme for children who have witnessed woman abuse. *Journal of Aggression, Maltreatment & Trauma, 3*(1), 127-146. doi:10.1300/J146v03n01_09

Sullivan, M., Egan, M., & Koch, M. (2004). Conjoint Interventions for Adult Victims and Children of Domestic Violence: A Program Evaluation. *Research on Social Work Practice, 14*(3), 163-170. doi: 10.1177/1049731503257881

Prevenção da Violência Escolar

Francisco Machado & Márcia Machado
Instituto Superior da Maia, Portugal

Resumo
A violência escolar é atualmente uma preocupação crescente das instituições escolares, agentes educativos e famílias, na medida em que cada vez mais se fazem sentir os seus efeitos negativos quer no sucesso escolar, na saúde psicológica, física e social dos alunos, quer na qualidade do ensino e ambiente interpessoal dos contextos escolares. Propomos, neste capítulo, e com base numa análise da eficácia dos modelos teóricos e dos programas de prevenção e de intervenção mais referenciados na literatura, apresentar um roteiro de prevenção da violência escolar. Com esta proposta esperamos lançar pistas importantes para o desenvolvimento e aplicação de programas de prevenção da violência escolar eficientes e adaptados à realidade das escolas portuguesas.

Introdução

"Violence is the last refuge of the incompetent" (Isaac Asimov, 1994)

A violência escolar em Portugal tem vindo a estar, de há uns anos a esta parte, na mira da comunicação social e da opinião pública devido à mediatização de alguns casos isolados, ainda que de extrema violência, envolvendo crianças, adolescentes e professores. Apesar do fenómeno não ser novo e constituir uma realidade no percurso escolar de várias gerações de Portugueses, a verdade é que se continua a assistir a uma grande inércia, passividade e displicência na forma como a sociedade, no geral, e os agentes educativos com responsabilidade na organização das instituições escolares, em particular, encaram a violência escolar e a melhor forma de a prevenir.

A tentativa de intervir sobre a violência escolar faz-se amiúde incidindo sobre casos específicos de extrema violência, que são uma minoria no cômputo geral das manifestações de violência em contexto escolar, não se dando importância ao comportamento violento do dia-a-dia. Este último, não sendo de extrema violência e não tendo tanta visibilidade, tem tanto ou mais potencial para causar danos quer nas vítimas, quer nos agentes educativos, nas figuras parentais ou na opinião pública. A violência do dia-a-dia faz-se através de comportamentos menos graves em termos de intensidade (como por exemplo ridicularizar, insultar, excluir, perseguir, entre outras), mas igualmente lesivos para as vítimas, com a agravante de existir muito menor probabilidade de tanto vítimas, como agressores ou até mesmo observadores passivos, serem sinalizados e beneficiarem da necessária intervenção.

Para além do já referido, a abordagem do problema da violência escolar a partir dos seus casos mais graves (capazes de suscitar maior impacto na opinião pública) abre também as portas para a adoção de medidas interventivas de cariz remediativo e punitivas, focadas no controlo comportamental, deixando para segundo plano as medidas preventivas, centradas maioritariamente no desenvolvimento de competências, na saúde psicológica, na criação de contextos educativos empáticos e seguros. Não obstante, muita da investigação científica feita sobre a violência escolar veio já comprovar a maior eficácia das intervenções preventivas e desenvolvimentais, comparativamente às medidas remediativas (Callahan, 2008; Krug, Dahlberg, Mercy, Zwi, & Lozano, 2002; Miller & Kraus, 2008).

Assim, as tentativas, frequentemente observadas, de atribuir a responsabilidade do comportamento violento aos alunos, famílias, professores, contexto sociogeográfico dos alunos, grupo de pares ou à própria escola levam a que frequentemente se recorram a estratégias remediativas e a programas de intervenção ocasionais direcionados para os designados "alunos problemáticos" da escola, sendo raras as intervenções estruturadas, sistémicas, ecologicamente validadas e, muito importante, coordenadas e apoiadas pelas escolas, famílias e comunidade no geral. É fundamental, se queremos intervir de forma minimamente eficiente neste problema, assumir que todos contribuímos para que os comportamentos violentos surjam nas escolas e que todos somos essenciais para encontrar e desenvolver as soluções que visem a sua resolução (Callahan, 2008).

Ao longo do presente capítulo iremos, depois de uma breve caracterização do fenómeno da violência escolar, apresentar uma revisão da literatura sobre diferentes perspetivas de prevenção e de intervenção sobre a violência escolar, com o objetivo final de apresentar um conjunto de indicações metodológicas e técnicas que possam servir como orientação para o planeamento e aplicação de programas de prevenção/intervenção. Salientamos que não é objetivo (nem aspiração) deste capítulo oferecer soluções pré-concebidas, modelos de aplicação ou fórmulas para resolver o problema dos comportamentos violentos, mas sim contribuir para que o mais recente conhecimento científico e prático de combate à violência escolar possa ser utilizado para criar formas de intervenção mais eficazes.

Conceptualização do fenómeno da violência escolar

Definição de violência
Definir o que é ou não é um comportamento violento é uma tarefa difícil. Embora a maioria das pessoas considere, *à priori*, bastante claro o que constitui um comportamento violento, ao pensarmos nas especificidades de determinados contextos verificamos que este pressuposto não é, efectivamente, tão óbvio. A tarefa de definir o conceito de violência é complexa e paradoxal e simultaneamente fundamental para o delineamento de estratégias que visem o seu controlo. A complexidade desta definição prende-se com o fato da violência não ser um conceito estático e linear. É o contexto que vai definir, sob diferentes formas, os comportamentos que podem ser considerados como violentos ou não (Santos, 2004). Isto significa que o mesmo comportamento desempenhado por um determinado sujeito pode ser considerado como violento em determinados contextos e perfeitamente inócuo e pacífico noutros. Para uma criança cujo contexto familiar seja marcado pela agressividade e pela violência física, um comportamento físico pode ser encarado

como normal, enquanto no contexto escolar é considerado como um ato violento (Krauss, 2005; Machado, 2008).

Dentro de uma perspetiva sociobiológica, estes comportamentos, apesar de nos parecerem agressivos, fazem parte de um jogo social complexo que gere o relacionamento de um grupo de pares de adolescentes em fase de construção e definição pessoal (Nishina, 2004). Muitos destes comportamentos, por exemplo a indisciplina, não são mais do que formas de se ser aceite no grupo, aceitação essa que representa um papel extremamente importante na vida de um adolescente, e não formas conscientes, ativas e intencionais de quebrar as regras, desafiar o sistema e agredir com o intuito de ser violento por si só (Costa & Vale, 1998; Matos, Negreiros, Simões & Gaspar, 2009). Por esta razão, a violência será mais bem compreendida a partir de uma perspetiva grupal, institucional, sistémica, inserida numa rede sociocultural envolvente, que com as suas regras, normas, representações sociais e diferentes limiares de tolerância para com determinadas condutas a determine como tal (Santos, 2004).

Neste âmbito, é importante para a compreensão desta problemática e para a análise e catalogação de um determinado comportamento como violento a consideração de duas dimensões fundamentais. Por um lado, temos a intenção do agressor, isto é, o desejo que o indivíduo manifesta de causar danos na vítima. Por outro lado, temos a expectativa, ou seja, a crença que o agente do ato violento tem de que existe uma probabilidade, por mínima que seja, de que o ato que está a desempenhar vá efetivamente resultar em danos para alguém ou alguma coisa (Machado, 2008). A combinação destas duas dimensões conduz a um enriquecimento da definição de violência, na medida em que considera que o agressor quer intencionalmente provocar danos no seu alvo e que espera que os atos nocivos que empreende tenham o efeito desejado (Durkin, 1995). Este dado é apoiado pela investigação realizada por Schwartz e colaboradores (1998) onde se verificou uma relação significativa entre expectativas positivas acerca dos resultados de comportamentos de agressão e níveis elevados de violência proativa.

O primeiro passo para uma intervenção eficaz é conhecer bem o problema que enfrentamos, logo consideramos fundamental definir e analisar o fenómeno da violência de uma forma contextualizada, assim como fazer uma distinção entre diferentes tipos de violência. Esta noção é fundamental visto que diferentes tipos de violência, bem como diferentes características psicológicas, desenvolvimentais e contextuais da criança exigem diferentes formas de intervenção (Matos et al., 2009).

O vasto corpo de investigação realizado sobre a temática da violência está recheado de tentativas de a definir. Para além da sua natureza complexa, o avanço no conhecimento científico e o desenvolvimento de novos modelos teóricos sobre a violência tornam muito complicada a tarefa de apresentar uma definição consistente e abrangente. Neste particular a Organização Mundial de Saúde (OMS) oferece-nos uma definição abrangente e complexa, que procura englobar um vasto leque de manifestações de violência:

> Uso intencional de força física ou poder, literal ou sob a forma de ameaça, contra si próprio, outras pessoas ou contra um grupo ou comunidade, que resulta, ou tem grande probabilidade de resultar, em danos, morte, danos psicológicos, subdesenvolvimento ou privação (Krug, Dahlberg, Mercy, Zwi & Lozano, 2002, p.5)

Apesar de apresentar, tal como todas as outras definições, algumas limitações, esta tentativa de definir a violência dá relevo a dimensões fundamentais do fenómeno, frequentemente negligenciadas no passado e que, em nossa opinião, se adaptam muito bem ao contexto escolar, nomeadamente a inclusão de outras formas de violência para além da física, tais como a violência psicológica, negligência e autodirigida. No contexto atual das nossas escolas as formas de exercer violência têm vindo a diversificar-se e a evoluir em direção a estratégias cada vez mais sofisticadas. Progressivamente, as tradicionais situações de confrontos físicos e trocas de insultos têm vindo a ser substituídas por estratégias como a humilhação pública, a descriminação e a exclusão, a calúnia, a coação, a utilização das novas tecnologias como telemóveis ou a internet para perseguir e insultar (*cyberbullying*), a chantagem emocional (violência psicológica/emocional), entre outras que escapam mais facilmente ao escrutínio dos agentes educativos. Urge portanto preparar a comunidade escolar para reconhecer todos os tipos de violência e dotá-la de competências e ferramentas para poder lidar eficazmente com todos eles. No próximo ponto analisaremos os vários tipos de violência predominantes em contexto escolar.

Tipos de Violência Escolar

O conceito de violência escolar não deve ser dissociado do conceito geral de violência já apresentado, na medida em que ambos se referem, na base, aos mesmos comportamentos. A especificidade inerente à violência escolar não lhe é conferida por um tipo diferente e particular de comportamento violento, mas sim pelas características específicas do contexto escolar, dos seus elementos e dos papéis desempenhados por estes elementos. A violência que observamos nas escolas espelha a violência que encontramos nas famílias, na comunidade, no trabalho, entre outros.

Considerando o nosso objetivo de ir ao encontro da perceção que o sistema escolar tem do que representa violência, pretendemos reduzir as idiossincrasias inerentes ao conceito de violência e tornar mais fácil e eficaz a sua operacionalização, nomeadamente na deteção do maior número possível de casos, sejam estes de violência explícita e aberta ou caracterizados pelo uso de técnicas indiretas, contribuindo assim para que professores e técnicos possam realizar um planeamento mais eficaz e sólido das suas intervenções.

Dentro desta perspetiva, e considerando diversas visões e categorizações efetuadas por diferentes autores e a partir de diferentes investigações, optamos por organizar os diferentes tipos de violência em categorias de acordo com o tipo de estratégias utilizadas pelos agressores (Loukas, Paulos & Robinson, 2005; Krug et al., 2002; Matos et al., 2009; Costa & Vale, 1998; Machado, 2008) conforme podemos analisar na tabela 1.

Tabela 1
Caraterização de tipos de violência

Violência física	Violência direta. Utilização da força física para provocar danos noutras pessoas (e.g., murros, empurrar, pontapés).
Violência verbal	Violência direta. Utilização de palavras ou expressões verbais como estratégia para agredir o outro (e.g., insultos, ameaças ou uso de alcunhas depreciativas).
Violência Psicológica	Violência de maior amplitude e com diferentes *nuances* comportamentais. Utilização de estratégias indiretas com a intenção de provocar danos nos outros (e.g., manipulação psicológica, do contexto social, de pessoas e de relações interpessoais). Pode englobar a violência relacional, mais focada sobre a manipulação e destruição intencional de relações interpessoais (e.g., exclusão social, coação, discriminação, provocação e chantagem emocional); a violência social, focada sobre o prejuízo da autoestima e estatuto social de outros (e.g., difamação, humilhação pública, espalhar rumores e boatos, o rebaixamento e a negligência consciente de alunos *problemáticos*).
Violência Sexual	Pode ser direta, no caso de violações. Pode ser indireta, no caso do assédio sexual ou da homofobia/lesfobia/transfobia. Engloba a violência no namoro.
Violência por negligência	A desconsideração das condições individuais (e.g., de saúde e sofrimento psicológico do aluno) e contextuais que rodeiam o comportamento violento pode levar a uma intervenção de cariz punitivo (e.g., medida de exclusão, ou seja, suspensão) sobre um aluno que no momento da agressão não estava em condições emocionais e/ou cognitivas de responder de forma socialmente ajustada a uma determinada situação de conflito interpessoal. Para além de pouca eficácia na supressão futura de comportamentos violentos, este tipo de intervenção poderá estar a piorar o estado de saúde mental do aluno, constituindo-se assim, em última análise, como uma forma de violência (Krug, 2002).
Violência autodirigida	Comportamentos violentos dirigidos ao próprio sujeito, nomeadamente o suicídio e a automutilação.
Vandalismo	Destruição ou degradação gratuita de objetos e/ou propriedade, sem que exista necessariamente uma utilidade ou função para tais atos.
Bullying	Exposição repetida e prolongada no tempo a comportamentos que, intencionalmente, provocam danos ou desconforto à vítima. Pode ser praticado por indivíduos ou grupos sobre a(s) vítima(s). Implica um desequilíbrio de poder (físico e/ou psicológico) percebido pelo agressor e vítima. Pode ser praticado direta ou indiretamente, utilizando estratégias físicas e/ou psicológicas (Olweus, 1993).

Estatísticas sobre a Violência Escolar

Em termos da prevalência do fenómeno da violência escolar, em Portugal, não existem dados oficiais globais que permitam uma leitura realista e evolutiva do fenómeno. Ao contrário do que é prática corrente noutros países da União Europeia e principalmente nos Estados Unidos da América, Portugal tem tardado em avaliar, de modo sistemático e rigoroso, a extensão da violência escolar. Só muito recentemente, em 2007, foi criado no país um sistema/estrutura de avaliação e vigilância do mesmo, o Observatório de Segurança em Meio Escolar.

As Direções Regionais de Educação contabilizaram, em 1999, 816 ocorrências de violência escolar. A Polícia de Segurança Pública (PSP), em 2000, deu conta de 1733 ocorrências de violência de vários tipos em estabelecimentos de ensino. Durante o ano letivo de 2002/2003, a PSP registou um aumento do número de ocorrências de violência escolar para 2797 (Sebastião, Campos, Gaio & Amaral, 2004). Em 2007, o Ministério da Administração Interna, o Ministério da Educação e o Observatório de Segurança em Meio Escolar registaram 1976 ocorrências de violência contra pessoas e 918 contra bens materiais, em contexto escolar. O Observatório de Segurança em Meio Escolar registou, no passado ano letivo, 1121 agressões em estabelecimentos de ensino básico e secundário, sendo que 874 foram contra alunos (representando um aumento de 30 relativamente ao ano letivo de 2009/2010, 140 foram contra professores e 107 contra funcionários - menos 29 e mais 5 do que no ano letivo anterior respetivamente).

Algumas investigações realizadas sobre o tema permitem-nos igualmente ter uma perspetiva genérica sobre o fenómeno da violência nas escolas portuguesas. Assim, um estudo realizado por Pereira, Almeida, Valente e Mendonça (1996) indicou que, numa amostra de 6200 alunos de escolas públicas, 39% já tinham estado envolvidos em situações de violência escolar, sendo 21% como vítimas e 18% como agressores. Costa e Vale (1998) concluíram, com base nos resultados de uma investigação realizada com 4925 alunos de 142 escolas de 3º Ciclo do Ensino Básico e Secundário, que 63% dos alunos tinham sido alvo de agressões físicas na escola, tendo 6% afirmado ter sido ameaçado com uma arma. Adicionalmente, 67% dos alunos afirmaram já ter sido alvo de agressões verbais na escola. Uma outra investigação, conduzida pela Organização Mundial de Saúde (2002), apontou para o facto de, em

1997/1998, 42,1% dos alunos portugueses com 13 anos estarem envolvidos em comportamentos violentos, neste caso específico, comportamentos de *bullying*. Posteriormente, uma investigação realizada por Pereira e colaboradores (2004) sugeriu que 37% de uma amostra de 4092 alunos portugueses estavam envolvidos em situações de *bullying*, sendo que 21,6% como vítimas e 15,4% como agressores.

Uma abordagem ecológica da Violência Escolar
O desenvolvimento e a manifestação de comportamentos violentos são condicionados de forma fundamental pela influência exercida por diferentes tipos de fatores, nomeadamente biológicos (e. g., funcionamento hormonal, constituição física, temperamento, características genéticas, como referido por Tuvblad, Eley & Lichtenstein, 2005), ambientais/sociais, como a família (Grinberg, Dawkins, Dawkins & Fullilove, 2005), os pares (Keltikangas-Järvinen, 2002), a escola e a comunidade (Colder, Mott, Levy & Flay, 2000) e de personalidade/cognitivos, como é o caso das competências sociocognitivas (e.g., estratégias de negociação interpessoal, como referido por Selman, Watts & Schultz, 1997 e Stevens, Bourdeaudhuij & Oost, 2002). Assim, parece-nos importante, na tentativa de compreender e analisar o problema da violência escolar, perspetivá-lo através de um modelo teórico que tenha na sua base o estudo científico do desenvolvimento do ser humano em interação com os diferentes contextos onde decorre esse desenvolvimento.

Dentro desta perspetiva, o modelo ecológico do desenvolvimento humano de Bronfenbrenner (1987, 2004; Bronffenbrenner & Morris, 1998), surge como o modelo teórico ideal para a análise da violência que nos propomos efetuar. Este ajustamento prende-se não só com a abrangência da sua interpretação, tão necessária para poder responder às exigências conceptuais do constructo da violência, mas também pelas garantias que oferece na construção de um plano de intervenção adaptado à diversidade de dimensões e variáveis inerentes ao fenómeno da violência escolar. Concomitantemente, ao valorizar o papel dos diversos intervenientes e contextos de vida do sujeito, nomeadamente professores, pares e pais, no desenvolvimento de padrões de comportamento violento, esta abordagem teórica permite-nos uma leitura mais realista e consistente dos fatores que estão na origem, promovem e inibem os comportamentos violentos. Adicionalmente, e ao nível da intervenção, o modelo ecológico ajuda a enquadrar os elementos que partilham os contextos de vida do sujeito como fatores de proteção/inibição em relação ao comportamento violento.

Prevenção da violência escolar

Conceptualização da prevenção e principais objetivos
A intervenção sobre a violência escolar tem, ao longo do tempo, caminhado de forma segura no sentido de privilegiar a prevenção primária como metodologia preferencial para tentar combater e diminuir o fenómeno. Este caminho surge, em grande parte, devido à predominância que o modelo ecológico/sistémico tem ganho na tentativa de explicar e intervir sobre a violência, no geral, e sobre a violência escolar, em particular. Surge também devido ao facto de ser a metodologia mais económica/eficiente, quer em termos da redução do sofrimento psicológico e da atenuação das consequências negativas para as vítimas, quer em termos da diminuição dos custos materiais decorrentes dos efeitos negativos da problemática (Hoffman, Jackson & Osher, 2000; Miller & Kraus, 2008; Quin, Osher, Hoffman & Hanley, 1998).

O caráter global da violência escolar levou à proliferação de modelos e programas de prevenção primária, um pouco por todo o mundo, contribuindo para o crescimento do número de modelos de prevenção primária, bem como para a diversidade das estratégias de intervenção envolvendo toda a comunidade escolar (professores, alunos, famílias, auxiliares, administrativos, técnicos e comunidade) (Task Force on Community Preventive Services, 2007). Neste âmbito, o trabalho teórico, metodológico e empírico realizado por Olweus (1993) constituiu um marco na criação e desenvolvimento de programas de prevenção da violência escolar com orientação ecológica-sistémica (*Olweus Bullying Prevention Program* – OBPP[1]). Este modelo de intervenção, empiricamente validado, é um dos primeiros, mais antigos e bem-sucedidos modelos de prevenção da violência escolar. A perspetiva de uma intervenção descentrada do agressor, do comportamento violento em si mesmo e da aplicação de medidas remediativas/punitivas, e direcionada para a valorização de variáveis contextuais, interpessoais e desenvolvimentais, veio inspirar a cria-

[1] http://www.olweus.org/public/index.page

ção de um número crescente de trabalhos de investigação e intervenção com os mesmos princípios de base. Entre os programas de prevenção de violência escolar com eficácia comprovada destacam-se os projetos *Promoting Alternative Thinking Strategies*[2] (Greenberg et al., 1995), *Peacebuilders*[3] (Embry et al., 1996), *Second Step*[4] (Edwards et al., 2005) e *Achieve* (Knoff, 2009).

Os níveis de sucesso dos modelos de intervenção de cariz preventivo e ecológico-sistémico que têm vindo a ser documentados na literatura reforçam continuamente a eficácia desta abordagem (Callahan, 2008; Cornell, 1998; Elias & Tobias, 1996; Hunter & Ellis, 1998; Quin, et al., 1998). Neste sentido, as *Escolas Seguras* devem planear as medidas de prevenção da violência escolar combinando três níveis diferentes de intervenção, global, precoce e intensiva (Hoffman, Jackson & Osher, 2000), de acordo com as necessidades dos alunos, como pode ser observado na tabela 2. Este tipo de abordagem tem vindo a ser consistentemente demonstrada como sendo a mais eficaz no desenvolvimento e implementação de intervenções antiviolência em contexto escolar (Berger, Karimpour & Rodkin, 2008)

---

[2] http://www.channing-bete.com/prevention-programs/paths/paths.html
[3] http://www.peacebuilders.com/
[4] http://www.cfchildren.org/programs/ssp/overview/

Tabela 2
Tipos de intervenção

Tipo de intervenção	População-alvo	Caraterísticas
Intervenção global (*schoolwide*) para a totalidade do contexto escolar	Todos os alunos	Fornecer aos alunos os apoios e as competências necessárias para melhorar a sua aprendizagem e competência na resolução de conflitos; fornecer também os apoios e as competências que alunos, professores, auxiliares e técnicos precisam para criar um ambiente interpessoal e emocional saudável e promover comportamentos socialmente ajustados. Este tipo de intervenção permite criar ambientes escolares seguros.
Intervenção precoce	Alunos que, apesar da intervenção global, apresentam ainda sinais de comportamentos desajustados ou disruptivos	Este tipo de intervenção recai, normalmente, sobre grupos reduzidos de alunos sinalizados e com um historial de comportamento violento e/ou insucesso escolar.
Intervenção intensiva	Alunos (habitualmente uma minoria) sobre os quais as intervenções globais e precoces não surtiram efeito	Os alunos que necessitam de uma intervenção intensiva apresentam frequentemente problemas emocionais e comportamentais com graus de severidade e frequência muito variável, podendo estes ser acompanhados por distúrbios emocionais e comportamentais que afetam o seu ajustamento aos diferentes contextos de vida (e.g., familiar, escolar, comunitário, saúde psicológica),

Olweus (1993) define como principais objetivos da intervenção sobre a violência escolar a redução, e idealmente a eliminação, do problema da violência escolar, dentro e fora do contexto escolar, e a prevenção do desenvolvimento de novos problemas através da criação de melhores relações interpessoais entre pares. As duas dimensões patentes nestes objetivos realçam a importância de intervir no sentido de mitigar a incidência de comportamentos violentos em contextos escolares, mas também o caráter fundamental de intervir na criação de um ambiente interpessoal saudável e acolhedor no contexto escolar, permitindo assim que todos os seus intervenientes se sintam seguros e validados (Berger et al., 2008).

Desta forma, são dois os conceitos-chave que consideramos serem os objetivos fundamentais de um programa de prevenção da violência escolar: prevenção e promoção. A prevenção dos comportamentos violentos em contexto escolar procura evitar a emergência, desenvolvimento e manutenção da violência através da identificação dos fatores de risco e dos fatores protetores. No que respeita à promoção dos fatores (e.g., competências sociocognitivas, regulação emocional, controlo da impulsividade, assertividade, entre outros) procura promover um ambiente interpessoal saudável e positivo, numa dinâmica de focagem sobre os comportamentos socialmente ajustados que se pretende reforçar. Para se diminuir e/ou suprimir de forma mais eficaz os comportamentos socialmente desajustados, é necessário impulsionar o uso de estratégias comportamentais alternativas, e construtivas, que permitam aos alunos obter os mesmos resultados (e.g., afirmar o seu ponto de vista ou atingir os seus objetivos numa situação de conflito interpessoal) sem ter de recorrer a estratégias violentas ou disruptivas (Edwards, Hunt, Meyers, Grogg & Jarrett, 2005).

Fatores de sucesso para programas de prevenção da violência escolar
As investigações realizadas sobre a eficácia dos programas de prevenção da violência escolar permitiram identificar alguns dos fatores que constituem melhores indicadores de eficácia na redução dos comportamentos violentos, os quais podem ser analisados na tabela 3.

Tabela 3
Fatores de eficácia de programas de prevenção de violência escolar

Fatores de eficácia	Investigações realizadas
Intervenção em diferentes níveis (agressor, vítima, pais, professores, escola, relações interpessoais no contexto escolar, entre outras), combinando a intervenção global com as intervenções precoce e intensiva.	(Berger et al., 2008; Farrington & Ttofi, 2009; Miller & Kraus, 2008; Nishina, 2004; Olweus, 1993; Payne & Gottfredson, 2004; Quinn, Osher, Hoffman & Hanley, 1998).
Aplicação intensiva e de longa duração junto de todos os intervenientes do contexto escolar.	(Farrington & Ttofi, 2009; Nation et al., 2003).
Apoio incondicional e investimento da instituição escolar, nomeadamente da direção e de outros responsáveis.	(Berger et al., 2008; Fagan & Mihalic, 2003; Orpinas, Horne & Staniszewkis, 2003; Orpinas & Horne, 2006).
Inclusão dos professores como principais intervenientes na aplicação do programa de prevenção (níveis elevados de envolvimento no planeamento).	(Berger et al., 2008; Fagan & Mihalic, 2003; Hunter, Elias & Norris, 2001; Orpinas, Horne & Staniszewkis, 2003).
Inclusão de diferentes métodos de ensino baseados em modelos teóricos consistentes, levando em conta fatores culturais e sociais.	(Nation et al., 2003).
Não focar o aluno como possuidor de patologias individuais.	(Twemlow et al., 2001).

Programa de prevenção da violência escolar

Estrutura

A estrutura que em seguida se apresenta resulta da conjugação de evidências sobre a eficácia dos programas de prevenção da violência escolar empiricamente validados e/ou com bons indicadores de sucesso, de conhecimentos teóricos no domínio das perspetivas desenvolvimentais e ecológico-sistémicas e da experiência académica e profissional, bem como da investigação desenvolvida pelos autores sobre a realidade das escolas Portuguesas.

Estas sugestões de intervenção inserem-se numa perspetiva de prevenção primária e secundária, com diferentes níveis de intervenção, desde a intervenção realizada individualmente e em grupos, até à intervenção micro (escola) e mesossistémica (escola-família e escola-comunidade). Apesar desta proposta de intervenção preventiva assumir preferencialmente uma perspetiva global (*schoolwide*) e precoce (prevenção essencialmente primária e secundária respetivamente) é importante realçar que a intervenção intensiva (prevenção terciária) não deixa de ser fundamental para a eficácia e o sucesso dos programas de intervenção sobre a violência escolar. No entanto, considerando simultaneamente a nossa perspetiva metodológica e os objetivos a que nos propomos neste capítulo, tomamos a decisão de abordar a intervenção intensiva de uma forma apenas superficial. Isto justifica-se na medida em que consideramos que a intervenção intensiva, tendo um papel secundário na prevenção da violência escolar, devido às especificidades que estão inerentes à sua natureza clínica, não se coaduna com os objetivos do presente planeamento.

Esta proposta de intervenção está organizada e estruturada de forma a dar resposta a dois objetivos principais: 1) prevenir a ocorrência de comportamentos violentos por parte dos intervenientes diretos do contexto escolar (professores, alunos, pais e auxiliares de ação educativa), procurando assim diminuir a incidência destes comportamentos; e 2) promover competências específicas de melhoramento das relações interpessoais na comunidade escolar, procurando elevar a sua qualidade e, consequentemente, a qualidade do clima social. Pretende-se promover a criação e desenvolvimento de relacionamentos interpessoais positivos (e.g., amizades) entre os elementos do contexto escolar, melhorar o funcionamento do mesossistema escola-família e melhorar o funcionamento das díades fundamentais do contexto escolar, com atenção especial à díade professor-aluno, pai/mãe-professor e auxiliar de ação educativa-aluno.

O programa de prevenção estrutura-se em três eixos que consideramos fundamentais:

- **EIXO 1**: Preparar para o Sucesso
- **EIXO 2**: Identificar e Detetar (fatores de risco, fatores protetores e nível de perigosidade)
- **EIXO 3**: Desenvolvimento de saberes e competências

PREPARAR PARA O SUCESSO (Eixo 1)

Um ponto comum entre os diversos programas de prevenção revistos é a importância atribuída à preparação do processo de intervenção em termos do **envolvimento** necessário por parte de toda a comunidade escolar, do **esclarecimento** dos intervenientes do contexto escolar relativamente às diferentes manifestações da violência na escola, e também na gestão de **expectativas** relativamente à aplicação e aos resultados da intervenção. A preparação do processo de intervenção foca-se especificamente na dimensão atitudinal, isto é, nos afetos, cognições e predisposição para agir manifestados pelos intervenientes da comunidade escolar no que à violência diz respeito.

Uma atitude proativa e de envolvimento dos adultos nas suas comunidades escolares são fatores fundamentais para o sucesso dos programas de intervenção nesta problemática (Olweus, 1993). Assim, é fulcral que os adultos tomem medidas concretas para conhecer a fundo a verdadeira dimensão do problema da violência nas suas escolas (por exemplo, através da aplicação de questionários) e que mantenham expectativas realistas, porém positivas e construtivas, relativamente à eficácia dos programas de intervenção. É igualmente essencial avaliar frequentemente (no mínimo uma vez por ano) o ponto de situação da violência no contexto escolar.

O **desenvolvimento e manutenção de ambientes escolares seguros** deve ser uma prioridade na agenda das instituições escolares, que com a ajuda da comunidade e das famílias devem criar um plano para uma escola segura sem violência, envolvendo todos os elementos da comunidade escolar. Este plano deverá ser levado a cabo em rede, promovendo protocolos de cooperação com diversas entidades e instituições na comunidade, procurando de forma contínua e sustentada implementar intervenções positivas e não reativas, sempre que surjam problemas de violência graves (Laracuenta & Denmark, 2005). Um exemplo importante destas medidas no contexto nacional é o programa Escola Segura, resultante de um protocolo estabelecido entre o Ministério da Administração Interna e o Ministério da Educação de Portugal, que permite uma colaboração próxima e local entre as escolas e a Polícia de Segurança Pública.

Apesar de importantes, ações como a da Escola Segura não devem ser o âmago da intervenção das escolas para criar ambientes escolares seguros. Outras medidas são fundamentais para garantir que todos os elementos do contexto escolar se sintam seguros (Laracuenta & Denmark, 2005), as quais podem ser analisadas na tabela 4.

Tabela 4
Medidas promotoras de um ambiente escolar seguro

Ser responsivo às necessidades dos alunos, professores e auxiliares, promovendo uma relação de proximidade.
Promover atividades que ajudem a desenvolver relações positivas entre agentes educativos e alunos.
Fomentar e defender uma cultura de respeito pelos outros, com especial relevância para o respeito pelos alunos.
Promover o envolvimento de pais e comunidade através de atividades e estabelecimento de protocolos de colaboração.
Desenvolver métodos através dos quais os alunos se sintam seguros para expressar as suas opiniões, preocupações e críticas permitindo a discussão de problemas de segurança.
Estabelecer estruturas de identificação contínua de problemas atuais, assim como avaliar as medidas tomadas e os progressos atingidos na resolução de problemas, responsabilizando-se também pela difusão destes dados por toda a comunidade escolar.
Planear ações específicas para lidar com agressores e vítimas (programas de apoio a vítimas e agressores e de prevenção).
Criar uma cultura/política de tolerância zero para os comportamentos violentos, isto é, nenhum comportamento violento pode deixar de ser alvo de atenção e intervenção (Horne, Bartolomucci & Newman-Carlson, 2003; Twemlow et al., 2001).

Os **professores estão numa posição privilegiada** para promover mudanças na dinâmica interpessoal do contexto escolar e, consequentemente, na problemática da violência. Assim, é fundamental garantir, desde logo, o seu envolvimento na organização da intervenção, procurando motivar os professores a assumir uma postura proativa, responsável, construtiva e preventiva perante violência. É essencial, para o sucesso da intervenção, auxiliar os professores no incremento do seu conhecimento e consciência acerca da realidade da violência escolar das suas comunidades escolares, favorecendo a criação de competências e de estratégias de apoio, treino e educação dos seus alunos, que permitam desenvolver um ambiente interpessoal que minimize as probabilidades de surgirem comportamentos violentos (Horne et al., 2003). A abordagem do problema da violência escolar, através de uma perspetiva construtiva, focada nas soluções, implica ajudar os professores a antecipar situações de conflito, preparando a intervenção. A seguinte tabela resume algumas medidas sugeridas por Horne e colaboradores (2003) para garantir uma boa preparação dos professores.

Tabela 5
Medidas de preparação para professores (adaptado de Horne et al., 2003)

Medida	Conteúdos	Objetivos
Compreender o "ABC" do comportamento	Analisar e compreender as situações/comportamentos violentos, pela análise: dos (A)ntecedentes do (B)ehaviour (comportamento) das (C)onsequências	Compreender a história e os porquês por detrás das situações de violência. Compreender os comportamentos e os atores envolvidos e tomar medidas de correção de acordo com essa informação.
Definir o que pode ser mudado e a sua importância	Analisar as circunstâncias que rodeiam a situação da violência e perceber em que é que o professor pode interferir e a sua importância relativa para o problema.	Intervir sobre os fatores que estão ao alcance dos professores e focar sobre as prioridades de intervenção.
Manipular o contexto estrategicamente	Manipular o espaço físico e a dinâmica das tarefas e atividades escolares, minimizando o risco de confusão e conflito.	Criar um ambiente empático e com características que visam harmonizar as transições entre tarefas e tornar o contexto confortável e apelativo.
Estabelecer regras de sala de aula claras e consensuais	Criar, debater e acordar em conjunto com os alunos quais as regras da sala de aula.	Criar maior compreensão das regras por parte de todos, ajudar os alunos a compreender o objetivo das regras, dar oportunidade aos alunos de participar na gestão da sala de aula.
Garantir consistência nas intervenções	Criar um modelo de atuação prévio que expresse o formato de intervenção desejado para poder ter uma referência ao longo do tempo. Realizar registos de situações de exceção criadas.	Aplicar consistentemente as regras estabelecidas, reduzindo a probabilidade de surgirem conflitos e sentimentos negativos de injustiça ou discriminação.
Usar linguagem clara, apropriada e específica	Criar um vocabulário que permita aos alunos perceber exatamente o que o professor espera deles e evitar expressões que possam ser consideradas provocatórias e/ou ofensivas.	Permitir maior compreensão entre alunos e professores através de mais e melhor comunicação e reduzir o número de conflitos que se geram a partir da interação na escola e na sala de aula.
Expressar respeito pelos alunos e valorização da sua individualidade	Procurar conhecer melhor a história dos alunos e analisar a melhor forma de interagir com eles, valorizando aspetos positivos encontrados.	Promover o conhecimento do aluno como pessoa, na sua globalidade, quer cognitiva, quer emocionalmente. Expressar aceitação e promover a sua autoestima e o reforço da relação professor-aluno.

Estas medidas, assim como muitas outras, podem ser aplicadas individualmente ou em equipa. Em termos das questões motivacionais envolvidas na aplicação dos programas de prevenção, parece-nos mais favorável à criação de uma dinâmica de envolvimento e compromisso a constituição de equipas de trabalho/apoio. Com a criação de equipas de trabalho/apoio multidisciplinares ou exclusivas, constituídas unicamente por professores, ou com a integração de auxiliares, psicólogo e outros técnicos, pretende-se não só garantir a coordenação e gestão do programa de intervenção, mas também criar um espaço de partilha de preocupações e soluções (Horne et al., 2003). Adicionalmente, este espaço de partilha, quando bem orientado, no sentido de permitir a participação e comunicação, poderá dar um contributo importante para a criação de um ambiente interpessoal positivo, seguro, de confiança e empático entre os profissionais do contexto escolar. O trabalho organizado em equipas possibilita igualmente uma maior consistência na aplicação das medidas entre os diferentes agentes educativos, em todo o contexto escolar, aumentando a probabilidade de manutenção do programa de prevenção a médio/longo prazo, dando assim continuidade ao trabalho desenvolvido.

Ao assumir-se uma perspetiva focada nas soluções, é necessário não só detetar e intervir sobre os problemas de violência que surgem neste contexto, mas também sobre os comportamentos que queremos que os alunos adotem como alternativa aos comportamentos violentos. Parece-nos essencial criar estratégias que permitam "apanhar os alunos a portarem-se bem" (Horne et al., 2003, p. 26). Horne e colaboradores (2003) propõem duas estratégias interessantes para os professores aplicarem em contexto escolar e em contexto de sala de aula:

a) O *ACT NICE*, que significa notar (*Notice*) quando e onde é que os alunos violentos apresentam comportamentos ajustados; aumentar (*Increase*) as situações ou contextos onde estes comportamentos ajustados ocorrem; criar (*Create*) situações positivas, controladas e seguras onde vítimas e agressores possam interagir e comunicar de forma ajustada, reforçando o desenvolvimento de competências e relações interpessoais ajustadas; e encorajar (*Encourage*) situações em que os alunos apresentam comportamentos ajustados, não violentos, na medida em

que, ao contrário do elogio, o encorajamento procura promover motivação interna.
b) A utilização de 4 questões-chaves para gerir a forma como negociamos os nossos conflitos interpessoais e os comportamentos que apresentamos na procura de os resolver:

1. Qual é o meu objetivo? (identificar o que queremos atingir);
2. O que é que eu estou a fazer? (identificar o problema);
3. O que eu estou a fazer está a ajudar-me a resolver o problema? (avaliar a eficácia do que eu estou a fazer) e
4. O que é que eu posso fazer de diferente no caso de não resultar o que eu estou a fazer atualmente? (criar alternativas de ação).

As estratégias até agora apresentadas procuram criar uma estrutura de automonitorização e organização da ação, de forma a dar aos professores uma referência que oriente a forma de pensar e intervir junto dos alunos na prevenção de conflitos e violência, e também no desenvolvimento de competências sociais e criação de um ambiente interpessoal positivo. Estas atividades podem ser realizadas através de registos e mais tarde debatidas em reuniões de equipa, de forma a contribuir para a avaliação da necessidade de modificar o programa de intervenção.

IDENTIFICAR E DETETAR (Fatores de risco, fatores protetores e nível de perigosidade) (Eixo 2)

Uma componente muito importante dos programas de prevenção da violência escolar é a componente informativa sobre os fatores de risco e fatores protetores relativamente aos comportamentos violentos. Esta informação, assim como a sua operacionalização junto de professores, auxiliares de ação educativa, pais e alunos, é fundamental para a deteção e intervenção precoce não só sobre situações de agressão, mas também para a deteção de sinais precoces de alerta, o que permitirá uma intervenção atempada e mais eficaz. Na tabela 6 apresenta-se um conjunto alargado de sinais precoces de alerta.

Tabela 6
Sinais precoces de alerta (Dwyer, Osher & Warger, 1998, Callahan, 2008; Chistolm & Ward, 2005)

Ser vítima de violência e/ou *bullying*	Comportamentos de autoagressão e/ou ameaças de suicídio.
Isolamento social	Intolerância e atitudes discriminatórias, racistas, xenófobas e sexistas.
Sentimentos excessivos ou recorrentes de solidão e isolamento	História de problemas disciplinares e de comportamentos violentos.
Sentimentos excessivos ou recorrentes de rejeição	Associação a grupos violentos (e.g., gangues).
Fraco envolvimento/interesse na escola e baixo rendimento académico	Consumo de substâncias e álcool.
Expressão recorrente de raiva	Acesso facilitado e/ou posse de armas.
Padrão de comportamento impulsivo e crónico de agressão	Ameaças sérias de violência.
Envolvimento em situações de agressão física com pares e família	Expressões de violência através de diversas formas (e.g., desenhos, escrita, música).
Comportamentos de vandalismo	

Professores, auxiliares de ação educativa, alunos e famílias devem ser preparados para estarem atentos e sinalizarem crianças e adolescentes que apresentem estes sinais. A realização de sessões de informação para a comunidade escolar no geral, e de formação, especificamente para professores e auxiliares, irá beneficiar grandemente a eficácia da intervenção na violência escolar. A utilização destes critérios de sinalização, através das oportunidades de observação participante de professores e auxiliares, tem como objetivo antecipar o comportamento violento, inibindo não só a conduta violenta, mas procurando também recuperar o (potencial) agressor em termos de saúde psicológica e desenvolvimento pessoal. A análise da existência de factores de risco deve continuar mesmo após a primeira sinalização do aluno, já que novos factores podem surgir ao longo do seu percurso escolar.

A identificação de fatores de risco do comportamento violento em contexto escolar tem motivado diversas investigações, sendo de realçar o estudo exaustivo, de nível nacional, realizado pelo Departamento de Educação dos

Estados Unidos da América[5], do qual resultou a criação de diversos materiais de intervenção/prevenção (e.g., *Early warning, Timely Response: A Guide to Safe Schools*).

Na tabela 7 sistematizam-se os fatores de risco para a violência escolar mais apontados na literatura (Dwyer, Osher & Warger, 1998; Horne, Stoddard & Bell, 2008; Miller & Kraus, 2008):

Tabela 7
Fatores de risco para a violência escolar

Microssistema	Fatores de Risco
Grupo de Pares	**Níveis de aceitação e rejeição no grupo de pares**. A existência de níveis elevados de rejeição por parte dos pares aumenta a probabilidade de vitimização.
	Cultura de vitimização. Grupos de pares que valorizam, apoiam e incentivam a agressão aos seus elementos mais fracos, aumentam a probabilidade de comportamentos violentos.
	Inexistência ou baixo número de relações interpessoais positivas (amizades). A inexistência ou o número reduzido de amizades num grupo de pares aumenta a probabilidade de vitimização dos seus elementos mais isolados.
	Quantidade e tipos de inimizades/antipatias. Crianças/adolescentes que criam muitas relações de antipatia, sobretudo com pares com determinadas características (e.g., não terem problemas de internalização) são mais frequentemente vítimas de violência.
	Grandes diferenças de poder nas relações diádicas (dominância). Quanto maior é o diferencial de poder na relação entre duas crianças ou entre o professor e o aluno, maior é a probabilidade de ocorrência de comportamentos violentos.
Escola	**Fraca preparação dos agentes educativos**. Este fator leva a que os alunos não tenham confiança relativamente à capacidade dos agentes educativos conseguirem impedir a ocorrência destes comportamentos.

---

[5] Os dados sobre a prevalência da violência escolar nas escolas norte-americanas, assim como sobre a avaliação de eficácia do programas de prevenção de violência escolar, estão disponíveis no site http://www.ed.gov/

Escola	**Falta de supervisão dos agentes educativos.** A ausência de agentes educativos para supervisionar a interação entre alunos, em zonas problemáticas como os recreios escolares, potencializa o surgimento de comportamentos violentos.
	Falta de proximidade entre alunos e professores. Alunos que sentem a falta de proximidade em relação aos professores e pares estão mais isolados e têm mais probabilidade de se sentirem sozinhos, abandonados e negligenciados, o que aumenta a probabilidade de comportamentos violentos.
	Escolas e salas de aula com disciplina ineficaz, punitivas e vistas como injustas. Estes contextos tendem a criar alunos pouco disciplinados, com condutas violentas.
	Falta de informação acerca de alternativas comportamentais. A escola deve ter um plano de intervenção de ensino de estratégias de resolução de conflitos que leve os alunos a optarem por outras estratégias que não as violentas.
	Falta de acompanhamento dos alunos com baixas competências académicas. Crianças com dificuldades de aprendizagem e com baixo rendimento académico têm maior probabilidade de desenvolver problemas de comportamento.
Família	**Famílias disfuncionais.** Uma estrutura familiar desorganizada e caótica não é tão capaz e eficiente a promover o desenvolvimento de processos de autocontrolo e disciplina nas crianças.
	Falta de apoio, envolvimento, supervisão e responsividade parental. As dificuldades das famílias na expressão de afeto, independentemente da forma, aumentam a probabilidade da criança procurar o afeto, o cuidado, a atenção que precisa através de comportamentos agressivos e controladores.
	Baixo nível socioeconómico da família. As crianças/adolescentes oriundos de famílias com maiores dificuldades económicas, têm maior tendência a apresentar problemas comportamentais.
	Medidas disciplinares desadequadas. Famílias que são extremamente punitivas, permissivas ou inconsistentes na aplicação de medidas disciplinares têm maiores dificuldades em disciplinar as suas crianças/adolescentes. Tendo estes menos autocontrolo, apresentam mais facilmente comportamentos violentos.
	Existência de uma cultura de violência na família. Crianças/adolescentes de famílias onde é frequente o uso de estratégias violentas para resolver conflitos, tendem, por modelagem, a apresentar o mesmo tipo de estratégias na resolução de conflitos na escola.

A análise atenta e atualizada dos fatores de risco e dos sinais precoces de alerta permite, como já foi referido anteriormente, um acompanhamento próximo, e com efeitos preventivos, de potenciais situações de violência. Para além das vantagens já referidas desta metodologia, a consideração destes fatores permite-nos também avaliar o **nível de perigosidade** de determinados alunos, em termos da probabilidade e/ou iminência da manifestação de comportamentos violentos. Isto é, com a análise atenta destes fatores, podemos identificar os alunos que devem ter prioridade em termos de intervenção, e também, o tipo de intervenção a realizar, de acordo com o maior ou menor risco de comportamento violento. Callahan (2008), ao equacionar o risco do comportamento violento, considera os já referidos sinais precoces de alerta e fatores de risco, mas também os **fatores precipitantes** e **fatores de estabilização** na análise do nível de perigosidade. Estes fatores dizem respeito a acontecimentos recentes que podem aumentar o potencial para a manifestação de violência e as redes de apoio social que estão disponíveis para os alunos e que podem ajudar a minimizar ou reduzir a probabilidade de apresentarem condutas violentas. No caso dos fatores precipitantes, podemos ter situações como rejeição por parte de pares significativos (por exemplo, par amoroso), conflitos graves com professores e/ou pares, conflitos familiares recentes, entre outros. No caso dos fatores de estabilização, temos variáveis como as relações interpessoais positivas com pares e figuras parentais, relação de confiança e afeto com professores, pais e outros agentes educativos, entre outras variáveis possíveis.

A avaliação e análise, em conjunto, destas variáveis, permitirá não só sinalizar indivíduos ou grupos de alunos que necessitam de ser seguidos de forma mais intensiva ou mesmo de ser alvo de uma intervenção específica, mas também permite estabelecer prioridades de intervenção, para além de fornecer informações importantíssimas para o desenho de todo o plano de prevenção/intervenção antiviolência da escola. De acordo com as referidas variáveis, podemos organizar os alunos e/ou turmas de acordo com a seguintes classificação de perigosidade (Callahan, 2008):

Tabela 8
Níveis de perigosidade (adaptado de Callahan, 2008)

Nível de Perigosidade	Características do sujeito	Respostas da comunidade escolar
Nível 1: Risco de Violência Eminente	Sujeitos que possam ser considerados perigosos para eles próprios e/ou outros. Incluem-se comportamentos como agressões físicas graves, ameaças à integridade física e/ou morte, posse de armas, tráfico de substâncias, entre outros.	Os sujeitos nesta área podem necessitar de intervenção imediata e ações muito diretas de controlo de comportamento (e.g., suspensão temporária da escola, detenção). As respostas podem ir desde a notificação dos pais e integração em programas específicos de integração (e.g., PIEF - Programa Integrado de Educação e Formação e CPCJ – Comissão de Proteção de Crianças e Jovens), até ao encerramento da escola e contacto com agentes policiais da Escola Segura para controlo do sujeito).
Nível 2: Alto risco de violência	O sujeito apresentou um número elevado de sinais precoces de alerta, possui um número elevado de fatores de risco e precipitação, e também um número baixo ou inexistente de fatores de estabilização.	Pode não ser necessário tomar medidas de controlo comportamental e uma intervenção mais direta, mas deve sinalizar-se o aluno e acompanhá-lo não só na escola, como também em serviços comunitários, como por exemplo a CPCJ local. As respostas podem ir desde medidas diretas para controlar o sujeito (medidas disciplinares da escola) até notificação dos pais e avaliação e acompanhamento psicológico.
Nível 3: Risco moderado de violência	O sujeito apresenta alguns sinais precoces de alerta, poderá ter alguns fatores de risco e precipitantes, mas tem também fatores de estabilização. Podem existir sinais de perturbações emocionais e/ou de violência emocional contra outras pessoas.	As respostas podem ir desde a notificação dos pais, à avaliação e/ou acompanhamento psicológico, ou também a análise da história escolar e pessoal (estudo dos registos académico, disciplinar e pessoal).
Nível 4: Risco baixo de violência	O sujeito apresenta alguns sinais de alerta precoce, mas a análise do seu caso mostra que existem poucos fatores de risco ou de comportamento perigoso. Os fatores de estabilização parecem consistentes. Pode haver sinais de comportamentos não intencionais de agressão a outras pessoas (e.g., comentários insensíveis, gozar, entre outros).	As respostas da escola podem ir desde a análise da história escolar, notificação dos pais a acompanhamento psicológico.
Nível 5: Risco residual/ sem risco de violência	Este tipo de situações pode ir desde desentendimento com pares e professores e acusações falsas até à criação de conflitos desnecessariamente.	As respostas podem ir desde a sinalização, monitorização do sujeito, notificação e envolvimento de outros (e.g., pais), conforme necessário.

A utilização deste sistema de análise de comportamento dos alunos com potencial para desenvolver um padrão de comportamento violento deve implicar a preparação e formação de todos os agentes educativos envolvidos, nomeadamente do psicólogo escolar. Apesar de relativamente acessível à aplicação por parte de professores, auxiliares e pais, todos os agentes educativos devem tomar consciência e assimilar a natureza e os objetivos da sua aplicação. Isto significa que este sistema deverá ser sempre encarado como uma ferramenta de prevenção do comportamento violento e não como uma forma de discriminar, penalizar e fundamentar ações disciplinares contra os alunos identificados como problemáticos pela comunidade escolar. A aplicação deste sistema de sinalização por parte de equipas de trabalho multidisciplinares, sempre que possível, poderá ajudar a que a sua aplicação seja, não só mais eficaz e coerente, como também continuada no tempo.

DESENVOLVIMENTO DE SABERES E COMPETÊNCIAS (Eixo 3)

Espera-se que o desenvolvimento de um conjunto específico de competências (e.g., competências sociais) e de conhecimentos (e.g., efeitos negativos da exposição a rejeição interpessoal) possa provocar mudanças duradouras nas atitudes e comportamentos dos elementos do sistema escolar e, aproveitando o princípio da globalidade, alargar os potenciais efeitos positivos a toda a comunidade. Desta forma procura-se promover competências para prevenir comportamentos violentos, não só junto dos alunos sinalizados como em risco, mas junto de todos os alunos, numa perspetiva de prevenção primária. Claro está que, de acordo com as necessidades específicas da escola, será importante planear o desenvolvimento de competências específicas, individualmente ou em grupo, em sujeitos que estejam sinalizados, como é o caso, por exemplo, dos alunos que já foram vítimas de *bullying*. Mais uma vez, uma perspetiva de integração, com uma intervenção a diferentes níveis é, comprovadamente, a solução mais eficaz.

O desenvolvimento e o treino de competências é, reconhecidamente, uma dimensão essencial para a eficácia da prevenção da violência escolar. Os resultados de vários anos de investigação na área revelam que os modelos de intervenção/prevenção mais eficazes incluem, por exemplo, o desenvolvimento e o treino de competências sociais, de forma articulada com o programa escolar e de uma forma interativa (por exemplo através de *role-playing*), cobrindo áreas essenciais como o autocontrolo, a resolução de conflitos (estratégias de negociação interpessoal), a competência social, tomada de perspetiva social, relações interpessoais positivas entre pares (amizades) e o repertório emocional individual (Edwards et al., 2005; Miller & Kraus, 2008).

Em consonância com a perspetiva sistémica/ecológica que fundamenta as nossas propostas de intervenção, o planeamento de intervenções que visam o desenvolvimento de competências, deve procurar dar resposta às necessidades específicas identificadas em cada contexto escolar, abrangendo todos os elementos do mesmo. Isto significa que os programas de desenvolvimento de competências que frequentemente são aplicados nas escolas portuguesas e que têm como público-alvo quase **exclusivamente os alunos, devem alargar-se a professores, auxiliares, pais/famílias e demais agentes educativos que interajam no contexto escolar.**

As competências e saberes essenciais para a eficácia de um programa de prevenção da violência escolar dependem muito das necessidades e características específicas de cada microssistema escolar. A tabela 9 sistematiza, em termos de desenvolvimento de competências e saberes, um conjunto de medidas que, de acordo com a literatura científica, estão associadas a maiores níveis de eficácia na prevenção de comportamentos violentos em contexto escolar (Quinn et al., 1998; Task Force on Community Preventive Services, 2007; Knoff, 2009; Farrington & Ttofi, 2009).

Tabela 9
Medidas de intervenção para a promoção de competências e saberes associados a maiores níveis de eficácia na prevenção da violência escolar

Medida	Objetivo
Desenvolvimento de competências sociais	Promover a criação e desenvolvimento de competências sociocognitivas e de gestão emocional em professores, auxiliares e alunos, que permitam o funcionamento otimizado de processos essenciais à resolução de conflitos interpessoais, tais como resolução de conflitos interpessoais, tomada de decisão, autocontrolo, tomada de perspetiva social e gestão emocional (Miller & Kraus, 2008; Knoff, 2009).
Promoção de Resiliência e Mecanismos de *coping*	Criação e desenvolvimento de competências, potenciais e estratégias que permitam a alunos, professores e auxiliares lidar com situações adversas e emocionalmente desafiantes, como o *bullying*, de forma não violenta mas sim adaptada, assertiva, eficaz e salvaguardando a saúde psicológica (Papházy, 2005; Grotberg, 1995).
Promoção de inteligência e gestão emocional	O aumento do repertório e vocabulário emocional, a criação de mecanismos de monitorização e autorregulação emocional nos professores, auxiliares, alunos e famílias dá um contributo fundamental para a gestão de estados emocionais que frequentemente levam à adoção de comportamentos violentos para a resolução de conflitos (Grossman et al., 1997; Edwards et al., 2005).
Conferências na escola	Realização de conferências na escola onde os alunos têm a oportunidade de aprender mais sobre violência escolar e as suas características, assim como sobre quais as melhores estratégias a utilizar para evitar as condutas violentas (Farrington & Ttofi, 2009).
Treino de competências parentais e promoção de envolvimento parental	Aumentar o envolvimento positivo das figuras parentais na vida das crianças é um fator importante para o sucesso da prevenção primária da violência escolar. Relações de aceitação, carinhosas e apoiantes entre figuras parentais e os filhos é um importante inibidor de condutas disruptivas (World Health Organization, 2004; Swick, 2005; Rohner, Khaleque & Cournoyer, 2007).
Treino de professores	Auxiliar os professores a desenvolver métodos, estratégias e técnicas, que contribuam para que os seus métodos de ensino e a forma como interagem com os alunos promovam um bom ambiente interpessoal na sala de aula e na escola no geral e ajude os alunos a desenvolver competências sociais e socioemocionais, para que estes se sintam seguros e satisfeitos na escola.

Reflexão Final

A fundamentação que encontramos na literatura científica sobre o combate ao problema da violência escolar deixa indicações muito claras acerca de quais são as caraterísticas metodológicas, técnicas e também de atitude perante esta problemática, que são essenciais para a eficácia das intervenções sobre este fenómeno.

Assim, foi possível verificar que, independentemente da forma e do tipo de atividades que são criadas para pôr em prática os programas, a eficácia das intervenções que visam prevenir a violência escolar decorre das seguintes componentes: intervenção focada preferencialmente na prevenção primária; intervenção abrangendo todo o sistema escolar (incluindo as famílias e comunidade circundante); envolvendo vários níveis de intervenção; a intervenção deve ser focada preferencialmente na prevenção primária; inclusão de todos os elementos do contexto escolar nas atividades de informação e formação (incluindo professores, pais, alunos, auxiliares e outros técnicos); providenciar intervenção sustentada por informação consistente sobre o problema da violência escolar e formas de prevenir e sinalizar, sob diferentes formatos (papel, *websites*, reuniões, entre outros); intervenção centrada no desenvolvimento de competências e na criação de ambientes interpessoais positivos, emocionalmente investidos e seguros.

A avaliação da eficácia dos programas de prevenção da violência escolar demonstra ser possível ultrapassar o problema da violência escolar, investindo numa estrutura de intervenção sistematizada, com perspetivas de continuidade. A prevenção, se devidamente apoiada pelos organismos que tutelam o sistema educativo, poderá ser crucial na resolução de um problema que afeta todo o tecido social e que tem custos humanos e materiais elevados. Todos os programas e medidas apresentadas, com provas de eficácia, devem ter o apoio e a colaboração de diversas entidades governamentais, instituições de ensino superior e ordens profissionais. O trabalho de apoio, divulgação e credibilização feito por estas entidades é fundamental para assegurar a eficácia, continuidade e evolução destes programas.

Baseados nos relatórios sobre a violência nas escolas elaborado pela Comissão Parlamentar de Educação, Ciência e Cultura, criada pelo governo de Portugal para o efeito, em 2007, é possível verificar que apesar de existirem diversos casos de boas práticas no combate à violência escolar, a intervenção e investigação nesta área é ainda muito insipiente, desestruturada, não sistematizada e profundamente necessitada de investimento em recursos humanos, materiais e políticas educativas bem fundamentadas cientificamente. As tentativas de estudar e intervir sobre esta problemática surgem frequentemente dos esforços de instituições escolares, que autónoma e frequentemente sem qualquer tipo de fundamentação científica ou provas de eficácia, tentam lidar com as dificuldades do quotidiano. Embora de louvar, estes esforços são, em nossa opinião, insuficientes para fazer face a um problema, que pelos dados oficiais e de alguns projetos de investigação, não têm conhecido grandes progressos e, em alguns casos, têm piorado. Apesar das escolas Portuguesas poderem contar com medidas importantes como a criação dos Territórios Educativos de Intervenção Prioritária (TEIP), o programa Escolhas, o projeto Escola Segura, o recente Observatório de Segurança em meio Escolar e a colaboração importante das Comissões de Proteção de Crianças e Jovens, existe ainda uma carência acentuada de um modelo teórico que possa ser estendido a todo o país, servindo como referência para as comunidades escolares trabalharem o problema da violência escolar.

Referências

Asimov, I. (1994). *Foundation (The Foundation Series)*. London: Collins.

Berger, C., Karimpour, R. & Rodkin, C. (2008). Bullies and Victims at School: Perspectives and Strategies for Primary Prevention. In T.W. Miller (Ed.), *School Violence and Primary Prevention* (pp. 295-317). New York: Springer

Bronfenbrenner, U. (1987). *La ecología del desarrollo humano – cognición y desarrollo humano*. Barcelona: Paidos.

Bronfenbrenner, U. (2004). Ecological systems theory. In U. Bronfenbrenner, (Ed.), *Making Human beings human. Bioecological perspectives on human development*. (pp. 106-173). Thousand Oaks, CA: Sage Publications.

Bronfenbrenner, U. & Morris, P. A. (1998). The Ecology of Developmental Processes. In W. Damon & R. M. Lerner (Eds.), *Handbook of child psychology: Vol. 1, Theoretical models of human development* (5th ed. pp. 993-1028). New York: John Wiley.

Callahan C. (2008). Threat Assessment in School Violence. In T.W. Miller (Ed.), *School Violence and Primary Prevention* (pp. 59-77). New York: Springer

Chistolm, J.F. & Ward, A.W. (2005). Warning Signs. School Violence Prevention. In F. Denmark, H.H. Krauss, R.W. Wesner, E. Midlarsky & U.P. Gielen (Eds.), *Violence in Schools. Cross National and Cross-Cultural Perspectives* (pp. 59-74). New York: Springer

Colder, C., Mott, J., Levy, S. & Flay, B. (2000). The Relation of Perceived Neighbourhood Danger to Childhood Aggression: A Test of Mediating Mechanisms. *American Journal of Community Psychology, 28*(1), 83-103.

Costa, M.E. & Vale, D. (1998). *A violência nas escolas*. Lisboa: Instituto de Inovação Educacional.

Durkin, K. (1995). *Developmental Social Psychology. From infancy to old age*. Oxford: Blackwell.

Dwyer, K., Osher, D. & Warger, C. (1998). *Early warning, Timely Response: A Guide to Safe Schools*. Retrieved from http://www.eric.ed.gov/ERICWebPortal/search/detailmini.jsp?_nfpb=true&_&ERICExtSearch_SearchValue_0=ED418372&ERICExtSearch_SearchType_0=no&accno=ED418372

Edwards, D., Hunt, M., Meyers, J., Grogg, K. & Jarrett, O. (2005). Acceptability and student outcomes of a violence prevention curriculum. *The Journal of Primary Prevention, 26*, 401-418.

Embry, D.D., Flannery, D.J., Vazsonyi, A.T., Powell, K.E., Atha, H. (1996). PeaceBuilders: A Theoretically Driven, School-based Model for Early Violence Prevention. *American Journal of Preventive Medicine, 12*(5), 91-100.

Fagan, A. & Mihalic, S. (2003). Strategies for enhancing the adoption of school-based prevention programs: Lessons learned from the blueprints for violence prevention replications of the life skills training program. *Journal of Community Psychology, 31*, 235-253.

Farrington, D.P. & Ttofi, M.M. (2009). School-Based Programs to Reduce Bullying and Vitimization. In C. Nye, R. Schlosser (Eds.) *Campbell Systematic Reviews Vol. 6* (pp. 3-148). doi: 10.4073/csr.2009.6

Greenberg, M. T., Kusche, C. A., Cook, E. T., & Quamma, J. P. (1995). Promoting emotional competence in school-aged children: The effects of the PATHS Curriculum. *Development and Psychopathology, 7*, 117–136

Grinberg, I., Dawkins, M., Dawkins, M.P. & Fullilove, C., (2005). Adolescents at risk for violence: an initial validation of the life challenges questionnaire and risk assessment index. *Adolescence, 40*(159), 573-599.

Grossman, D. C., Neckerman, H. J., Koepsell, T. D., Liu, P. Y., Asher, K. N., Beland, K., & Rivara, F. (1997). Effectiveness of a violence prevention curriculum among children in elementary school: A randomized controlled trial. *Journal of the American Medical Association, 277*(20), 1605–1611

Grotberg, E.H. (1995). *A Guide for Promoting Resilience in Children.* Haia: Bernard Van Leer Foundation.

Hoffman, C., Jackson, S. & Osher, D. (2000). Safe School – Healthy Students. In C. Newman, C. Liberton, K. Kutash, & R. Friedman (Eds.), *13th Annual Research Conference Proceedings. A System of Care for Children's Mental Health: Expanding the Research Base.* Tampa Bay: Research and Training Center for Children's Mental Health

Horne, A., Bartolomucci, C. & Newman-Carlson, D. (2003). *Bully Busters: A Teacher's Manual for Helping Bullies, Victims nad Bystanders.* Illinois: Research Press.

Horne, A.M., Stoddard, J.L. & Bell, C.D. (2008). *A Parent's Guide to Understanding and Responding to Bullying. The Bully Busters Approach.* Illinois: Research Press.

Hunter, L., Elias, M.J. & Norris, J. (2001). School-based violence prevention: Challenges and lessons learned from an action research project. *Journal of School Psychology, 39,* 161-175.

Keltikangas-Järvinen, L. (2002). Aggressive Problem-Solving Strategies, Aggressive Behaviour, and Social Acceptance in Early and Late Adolescence. *Journal of Youth and Adolescence, 31*(4), 279-287.

Knoff, H. M. (2009). *Implementing Response-to-Intervention at the school, district, and state levels: Functional assessment, data-based problem solving, and evidence-based academic and behavioral interventions.* Little Rock, AR: Project ACHIEVE Press.

Krauss, H. (2005). Conceptualizing Violence. In F. Denmark, H. Krauss, R. Wesner, E. Midlarsky & U. Gielen (Eds.). *Violence in Schools. Cross-National and Cross-Cultural Perspectives* (pp. 11-35). New York: Springer.

Krug, E. G., Dahlberg, L. L., Mercy, J.A., Zwi, A.B. & Lozano, R. (2002). *World Report on Violence and Health.* Geneva: World Health Organization.

Laracuenta, M. & Denmark, F.L. (2005). What Can We Do About School Violence? In F. Denmark, H. Krauss, R. Wesner, E. Midlarsky & U. Gielen (Eds.). *Violence in Schools. Cross-National and Cross-Cultural Perspectives* (pp. 293-300). New York: Springer.

Loukas, A., Paulos, S. & Robinson, S. (2005). Early Adolescent Social and Overt Aggression: Examining the Roles of Social Anxiety and Maternal Psychological Control. *Journal of Youth and Adolescence, 34*(4), 335-345

Machado, F. (2008). *O Papel da Estratégias de Negociação Interpessoal na Problemática da Violência em Contexto Escolar.* (Tese de Doutoramento não publicada). Universidade do Porto: Porto.

Matos, M, Negreiros, J., Simões, C. & Gaspar, T. (2009). *Violência, Bullying e Delinquência. Gestão de Problemas de Saúde em Meio Escolar*. Lisboa: Coisas de Ler.

Miller, T.W. & Kraus, R.F. (2008). School-Related Violence: Definition, Scope, an Prevention Goals. In T.W. Miller (Ed.), *School Violence and Primary Prevention* (pp. 15-24). New York: Springer.

Nation, M., Crusto, C., Wandersman, A., Kumpfer, K.L., Seybolt, D., Morrissey-Kane, E. & Davino, K. (2003). What works in prevention: Principles of effective prevention programs. *American Psychologist, 58*(6), 449-456.

Nigoff, A. (2005). Social Information Processing and Aggression in Understanding School Violence: An Application of Crick and Dodge's Model. In T.W. Miller (Ed.), *School Violence and Primary Prevention* (pp. 79-93). New York: Springer.

Nishina, A. (2004). A theoretical review of bullying: Can it be eliminated? In C. Sanders & G. Phye (Eds.), *Bullying: Implications for the Classroom* (pp. 36-62). San Diego: Elsevier Academic Press.

Olweus, D. (1993). *Bullying at School*. Oxford: Blackwell Publishing.

Orpinas, P., & Horne, A. (2006). *Bullying Prevention: Creating a Positive School Climate and Developing Social Competence*. Washington: American Psychological Association.

Orpinas, P. & Horne, A., Staniszewkis, D. (2003). School bullying: Changing the problem by changing the school. *School Psychology Review, 32*(3), 431-444.

Papházy, J.E. (2005). Violence in Schools: Australia. In F. Denmark, H.H. Krauss, R.W. Wesner, E. Midlarsky & U.P. Gielen (Eds.), *Violence in Schools. Cross National and Cross-Cultural Perspectives* (pp. 237-251). New York: Springer

Payne, A. & Gottfredson, D. (2004). Schools and Bullying: School factors related to bullying and school based bullying interventions. In C. Sanders & G. Phye (Eds.), *Bullying: Implications for the Classroom* (pp.159-176). San Diego: Elsevier Academic Press.

Pereira, B., Almeida, A.T., Valente, L., & Mendonça, D. (1996), "O bullying nas escolas portuguesas: análise das variáveis fundamentais para a identificação do problema".In Almeida, Silvério e Araújo (Org.) *Actas do II Congresso Galaico-Português de Psicopedagogia da Universidade do Minho*. Braga: Universidade do Minho.

Pereira, B., Mendonça, D., Neto, C., Valente, L. & Smith, P.K. (2004). Bullying in Portuguese Schools. *School Psychology International, 25*(2), 241-253.

Quinn, M. M., Osher, D., Hoffman, C. C., & Hanley, T. V. (1998). *Safe, drug-free, and effective schools for ALL students: What works!* Washington, DC: Center for Effective Collaboration and Practice, American Institutes for Research

Ramírez, F. C. (2001). *Condutas agressivas na idade escolar*. Amadora: McGraw-Hill.

Rohner, R. P., Khaleque, A., & Cournoyer, D. E. (2007). *Introduction to parental acceptance-rejection theory, methods, evidence, and implications*. Retrieved from www.cspar.uconn.edu

Santos, M. R. (2004). Violência(s) na escola. *Psychologica, 36*, 163-174.

Schwartz, D., Dodge, K., Coie, J., Hubbard, J., Cillessen, N., Lemerise, E. & Bateman, H. (1998). Social-Cognitive and Behavioural Correlates of Aggression and Victimization in Boys' Play Groups. *Journal of Abnormal Child Psychology, 26*(6), 431-439.

Sebastião, J., Campos, J., Gaio, M. & Amaral, P. (2004). *Escola e Violência conceitos, políticas, quotidianos*. Lisboa: Instituto Superior de Ciências do Trabalho e da Empresa (ISCTE).

Selman, R.L., Watts, C. & Schultz, L. (Eds.) (1997). *Fostering Friendship – Pair Therapy for Treatment and Prevention*. New York: Aldine De Gruyter.

Stevens, V., Bourdeaudhuij, I. & Oost, P. (2002). Relationships of the Family Environment to Children's Involvement in Bully/Victim Problems at Schools. *Journal of Youth and Adolescence, 31*(6), 419-428

Swick, K. (2005). Promoting Caring in Children and Families as Prevention of Violence Strategy. *Early Childhood Education Journal, 32*(5), 341-346

Task Force on Community Preventive Services (2007). Effectiveness of Universal School-Based Programs to Prevent Violent and Aggressive Behavior: A Systematic Review. *American Journal of Preventive Medicine, 33*(2), 114-129.

Tuvblad, C., Eley, T. & Lichtenstein, P. (2005). The development of antisocial behaviour from childhood to adolescence. A longitudinal study. *European Child & Adolescent Psychiatry, 14*(4), 216-225.

Twemlow, S.W., Fonagy, P., Sacco, F.C., Gies, M.L., Evans, R. & Ewbank, R. (2001). Creating a peaceful school environment: A controlled study of an elementary school intervention to reduce violence. *The American Journal of Psychiatry, 158*(5), 808-81.

World Health Organization (2004). *Preventing violence. A guide to implementing the recommendations of the World report on violence and health*. Geneva: World Health Organization.

SOBRE AS/OS AUTORAS/ES

Ana Isabel Sani
Professora Associada da Faculdade de Ciências Humanas e Sociais da Universidade Fernando Pessoa (UFP). Doutorada em Psicologia da Justiça pela Universidade do Minho. Coordenadora do Mestrado em Psicologia Jurídica da UFP. Faz intervenção psicológica e investigação nas áreas da vitimação infantil e psicologia forense.

Eva Costa Martins
Doutorada em Psicologia Clínica pela Universidade do Minho (UM). Professora Auxiliar do Instituto Superior da Maia (ISMAI). Psicóloga clínica. Desenvolve investigação no ISMAI e em colaboração com a Escola de Psicologia da UM na área da vinculação e regulação emocional em crianças e adultos. Supervisora de equipas técnicas e educativas de Lares de Crianças e Jovens ao abrigo do Plano DOM.

Francisco Machado
Psicólogo, especializado na área educacional. Professor Auxiliar no Instituto Superior da Maia (ISMAI), onde desenvolve também projetos de investigação na área da Psicologia Escolar e da Educação e, mais especificamente, nas áreas da Psicologia da Família e do Desenvolvimento Vocacional. Atualmente leciona na licenciatura em Psicologia e nos mestrados de Psicologia Clínica e

da Saúde, Psicologia da Justiça e Psicologia Escolar e da Educação do ISMAI, desempenhando funções de coordenação no mestrado de Psicologia Escolar e da Educação. Membro do grupo internacional de investigação *International Society for Interpersonal Acceptance-Rejection* (ISIPAR).

Liliana Meira

Doutorada em Psicologia Clínica pela Universidade do Minho. Professora Auxiliar no Instituto Superior da Maia (ISMAI), onde desenvolve investigação em torno do tema da depressão na adolescência e na idade adulta, e da mudança em psicoterapia. Psicóloga clínica e psicoterapeuta no Centro de Apoio e Serviço Psicológico (CASP) do ISMAI, sendo a sua prática clínica orientada, sobretudo, para a intervenção com crianças e adolescentes.

Maria Clara Sottomayor

Professora Auxiliar da Escola de Direito do Porto, Universidade Católica Portuguesa. Doutorada em Direito Civil pela mesma Universidade. Autora das monografias "Regulação do exercício das responsabilidades parentais nos casos de divórcio", 5.ª edição, Livraria Almedina, 2011 e "Invalidade e registo. A proteção do terceiro adquirente de boa fé", Livraria Almedina, 2010, bem como de artigos em revistas jurídicas nacionais e estrangeiras, na área do Direito da Família e do Direito Civil.

Márcia Machado

Psicóloga, especializada na área educacional. Docente do ensino superior no Instituto Superior da Maia (ISMAI), onde desenvolve também projetos de investigação na área da Psicologia Escolar e da Educação e, mais especificamente, nas áreas da Psicologia da Família e das Necessidades Educativas Especiais. Atualmente leciona na licenciatura em Psicologia e nos mestrados de Psicologia Clínica e da Saúde e Psicologia Escolar e da Educação do ISMAI. Membro do grupo internacional de investigação *International Society for Interpersonal Acceptance-Rejection* (ISIPAR) e coordenadora da equipa de investigação portuguesa que está integrada no projeto de investigação internacional sobre as relações de Poder e Prestígio na família.

Marisalva Fávero
Licenciada e Doutorada em Psicologia. Sexóloga. Terapeuta Sexual e Psicoterapeuta Psicodramatista. Docente Universitária no ISMAI e investigadora na UNIDEP, na área da sexualidade e das agressões sexuais. Coordenou o Mestrado em Sexologia no ISMAI. Autora e co-autora de vários capítulos de livros e artigos científicos e de dois livros: *Sexualidade infantil e abusos sexuais a menores* (Climepsi); *Vitimologia: ciência e ativismo* (Almedina).

ÍNDICE

Prefácio (volume I) — 7

Direitos das crianças vítimas de crimes violentos — 11
Maria Clara Sottomayor
Universidade Católica Portuguesa, Portugal

A Terapia Cognitivo-Comportamental Focada no Trauma:
Um modelo exemplificativo da intervenção cognitivo-comportamental
com crianças e adolescentes expostos a experiências traumáticas — 43
Liliana Meira
Instituto Superior da Maia, Portugal

Intervenção com crianças institucionalizadas
em centros de acolhimento temporário ou lares de infância e juventude — 75
Eva Costa Martins
Instituto Superior da Maia, Portugal

Intervenção psicológica com crianças vítimas de abuso sexual:
Uma abordagem psicodramática — 107
Marisalva Fávero
Instituto Superior da Maia, Portugal

Intervenção terapêutica com crianças expostas à violência interparental:
Avaliar, priorizar e intervir — 141
Ana Isabel Sani
Universidade Fernando Pessoa, Portugal

Prevenção da Violência Escolar   163
  Francisco Machado & Márcia Machado
  Instituto Superior da Maia, Portugal

Sobre as/os autoras/es   197